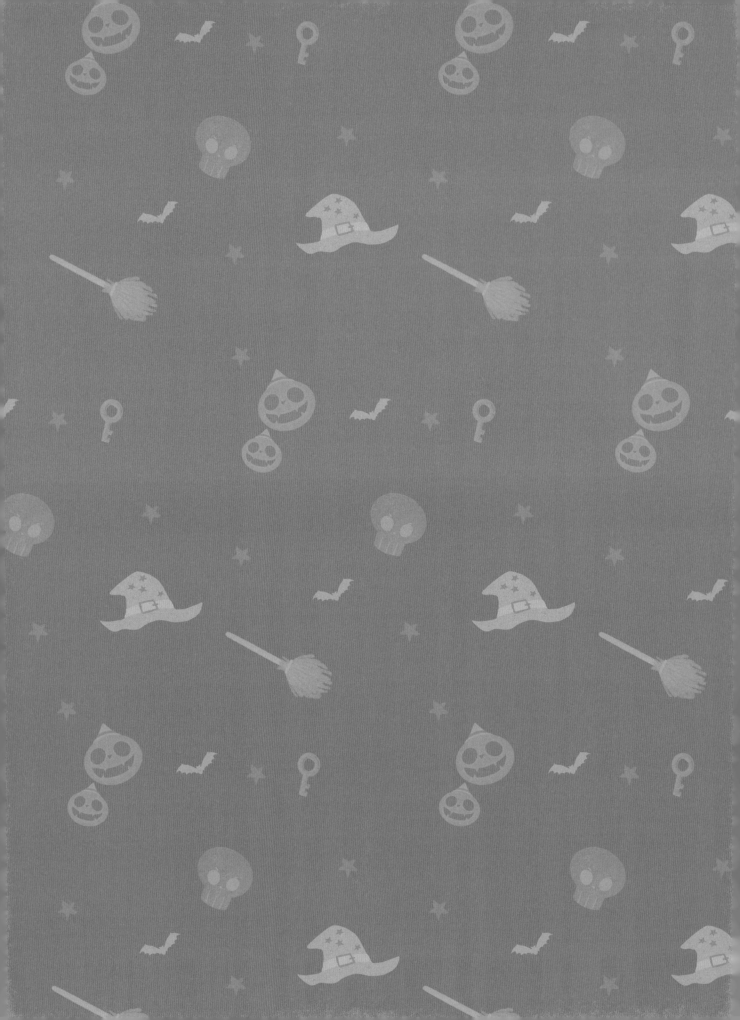

비주얼 씽킹 창의 언어놀이

비주얼 씽킹 창의 언어놀이 가을·겨울 편

저자 김지영
초판 1쇄 인쇄 2020년 8월 5일   초판 1쇄 발행 2020년 8월 20일

발행인 박효상   편집장 김현   편집 김준하, 김설아   디자인 이연진
기획·편집 진행 권민서   일러스트 조예희
마케팅 이태호, 이전희   관리 김태옥   종이 월드페이퍼   인쇄·제본 현문자현

출판등록 제10-1835호   발행처 사람in
주소 04034 서울시 마포구 양화로 11길 14-10 (서교동) 3F
전화 02) 338-3555(代)   팩스 02) 338-3545   E-mail saramin@netsgo.com
Website www.saramin.com
책값은 뒤표지에 있습니다. 파본은 바꾸어 드립니다.

ISBN
978-89-6049-855-6 64710
978-89-6049-847-1 (세트)

우아한 지적만보, 기민한 실사구시 사람in

어린이제품안전특별법에 의한 제품표시	
KC 제조자명 사람in 제조국명 대한민국 사용연령 5세 이상 어린이 제품	전화번호 02-338-3555 주 소 서울시 마포구 양화로 11길 14-10 3층

초등 국어 학습 개념 총망라

비주얼 씽킹 창의 언어놀이

가을·겨울 편

🌸 어휘력, 표현력, 창의력이 쑥쑥!
⭐ 놀면서 배우고, 배우면서 놀자!
🌸 그림놀이와 언어놀이의 결합!

김지영 지음

사람in
saram
in com

머리말

믿음직한 우리의 언어대장들에게

친구들, 안녕하세요?
오늘도 재미있게 뛰어놀았나요?
선생님이 방금 굉장한 소문을 들었어요.
우리 친구가 언어대장이 되어 마녀가 사는 성으로 떠난다고요. 정말?
우와, 생각만 해도 벌써 가슴이 콩닥콩닥해요! 그렇다면 먼저 준비를 잘해야겠지요?
연필과 지우개, 색연필 그리고 더 필요한 것은 꽁꽁마녀를 이길 수 있는 언어 실력!
으악! 마녀와의 게임이 너무 어려울 것 같다고요? 틀리면 어떻게 하냐고요?
걱정하지 마세요.
우리 친구들이 꼭 성공해서 돌아올 수 있도록 지금부터 선생님이 몇 가지 방법을 알려줄게요.

첫째, 단어나 문장을 쓰는 게임은 최대한 많이, 잔뜩, 종이에 꽉 차도록 가득 써 보세요.
둘째, 그림으로 표현하는 게임은 떠오르는 생각을 마음껏 자유롭게 그려 보세요.
셋째, 생각이 멈추면 옆에 있는 책을 펴 보세요. 어떤 책이라도 여러분에게 아이디어를 줄 거예요.
마지막으로 이건 비밀인데…, 틀려도 괜찮아요. 이제부터 하나씩 배워 가면 되니까요.

가장 중요한 것은 매일매일 이 책을 펴고 하나씩 미션을 성공하는 것과 내가 좋아하는
동화책을 즐겁게 읽는 거예요. 아마도 우리 친구들이 이 책을 끝마칠 때면 교실에서는
손을 번쩍 들어 발표도 잘하고, 아리송했던 책들도 훨씬 더 쉽게 읽힐 거예요.
왜냐고요? 우리 친구들의 언어 실력이 쑤-욱 커져 있을 테니까요.

자, 그러면 꽁꽁마녀가 사는 수리수리성으로 함께 떠나 볼까요?

꽁냥이만큼 사랑스러운 고양이와 살고 있는
김지영 선생님이

나만큼?

목차

겨울 요정을 구하라!

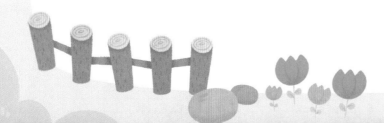

이렇게 활용하세요

이 책의 주인공은 나야, 나!
신나는 모험 속 주인공은 다름 아닌 독자 여러분입니다. 흥미진진한 미션을 풀어 가는 동안 어휘력과 창의력이 자라날 거예요.

하루에 한 장씩 혼자서도 신나요!
매일 한 가지씩 펼쳐지는 기상천외하고 엉뚱한 미션을 풀어 보세요. 꽁꽁마녀와 대결을 펼치며 공부가 아닌 놀이로 혼자서도 재미있게 풀 수 있어요.

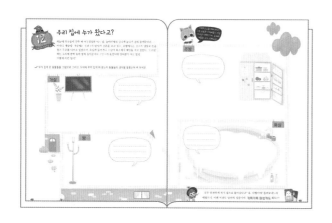

언어 표현력과 논술 실력이 쑥쑥 자라요!
다양한 말놀이와 글쓰기를 하다 보면 나도 모르는 새 어휘력이 커지고 스스럼없이 자신의 생각과 감정을 언어로 표현할 수 있게 돼요. 이것은 논술 실력이 향상하는 기초가 되지요.

창의력과 시각적 표현력이 자라나요!

다양한 그리기 활동이 있어서, 자신의 생각을
그림으로 표현하는 것이 즐거워져요. 깊은 사고를
바탕으로 한 창의적 발상과 감각적 표현이
한 번에 이루어지지요. '비주얼 씽킹'을 강조하는
요즘 효과적인 이미지 전달을 연습할 수 있어요.

초등 교과 연계로, 학교 공부도 척척!

이 책의 내용은 '2015 개정 교육과정'의 초등 1~2학년 교과와 연계되어 있어요.
사고의 폭이 커지고 어휘력이 폭발하는 시기에 있는 초등 1, 2학년 친구들이
학교 공부를 하는 데 실질적인 도움이 될 거예요.

🐱 2015 개정 교육과정 연계

2015 개정 교육과정 국어과에서 지향하는 비판적 · 창의적 사고 역량, 자료 · 정보 활용 역량, 의사소통 역량,
공동체 · 대인 관계 역량, 문화 향유 역량, 자기 성찰 · 계발 역량 등을 기를 수 있도록 구성했습니다.

1학년 1학기	1학년 2학기	2학년 1학기	2학년 2학기
바른 자세로 읽고 쓰기, 재미 있게 ㄱㄴㄷ, 다 함께 아야어 여, 글자를 만들어요, 다정하 게 인사해요, 받침이 있는 글 자, 생각을 나타내요, 소리 내 어 또박또박 읽어요, 그림일 기를 써요	소중한 책을 소개해요, 소리 와 모양을 흉내 내요, 문장으 로 표현해요, 바른 자세로 말 해요, 알맞은 목소리로 읽어 요, 고운 말을 해요, 무엇이 중요할까요, 띄어 읽어요, 겪 은 일을 글로 써요, 인물의 말과 행동을 상상해요	시를 즐겨요, 자신 있게 말해 요, 마음을 나누어요, 말놀이 를 해요, 낱말을 바르고 정확 하게 써요, 차례대로 말해요, 친구에게 알려요, 마음을 짐 작해요, 생각을 생생하게 나 타내요, 다른 사람을 생각해 요, 상상의 날개를 펴요	장면을 떠올리며, 인상 깊었 던 일을 써요, 말의 재미를 찾아서, 인물의 마음을 짐작 해요, 간직하고 싶은 노래, 자 세하게 소개해요, 일이 일어 난 차례를 살펴요, 바르게 말 해요, 주요 내용을 찾아요, 칭 찬하는 말을 주고받아요, 실 감 나게 표현해요

 부모님과 선생님께 유용한 지도팁! 활동이 갖는 의미와 효과적인 안내글을 부록으로 실어, 지도에 도움을 드립니다.

여태까지 무슨 일이 있었던 거야?

🎃 도대체 무슨 일이야?

마녀 마을의 수리수리성 🏰 에 살고 있는 꽁꽁마녀 🧙 가 '사계절(봄, 여름,
가을, 겨울)'에 대해 알고 싶었대. 그래서 계절 요정들을 꽁꽁 묶어서 수리수리성
에 가뒀지 뭐야. 다시 계절 요정을 데려오려면 꽁꽁마녀가 내는 게임에 성공해서
'열려라 참깨' 🔑 열쇠를 얻어야만 해. 그러면 그 열쇠로 방에 갇힌 요정을 한 명
씩 보내주기로 한 거야.

구해줘~~

🎃 누가 꽁꽁마녀와 대결을 하지?

모두 모여 회의한 끝에 '언어대장'이 뽑혔어. 바로 이 책을 보고 있는 어린이!
언어대장은 꽁꽁마녀가 내는 게임에 열심히 도전하고 있지. 그 결과 지금까지
봄 요정과 여름 요정을 인간 세상으로 돌려보냈어. 와우!

 ### 그럼 이제 어떻게 하면 되지?

지금까지와 마찬가지로 게임에 성공해서 15개의 방을 거치면
가을 요정과 겨울 요정을 구할 수 있어.

 ### 게임 할 때 주의할 점은 뭐야?

십지
않을걸!

음, 그건 꽁꽁마녀가 아주 말놀이를 잘한다는 거야.
그래서 언어대장도 머리를 쓰면서 열심히 해야만 해.
만약 대충 했다가는 꽁꽁마녀가 알고, 아마 언어대장을 바로
돌려보낼 거야. 으으으, 그건 상상할 수도 없이 끔찍한 일이야!

재미있는 일도 있어?

꽁꽁마녀에게는 꽁냥이라는 고양이가 있어. 지금 꽁냥이가 놀이터에서 한글을
부지런히 배우고 있거든. 그래서 언어대장이 꽁냥이와 놀아주면서 한글 공부도
좀 살펴봐야 해. 하지만 그로 인해 언어대장의 실력도 쑥쑥 늘 거야!

내가 바로
꽁냥이다냥!
대결이다냥!

가을 요정을
구하라!

보기 좋은 음식이 맛도 좋다!

언어대장, 드디어 3층으로 올라왔네! 첫 번째 방은 음식을 맛있게 만들어 함께 나눠 먹는 곳이야.
여기서는 달콤한 빵을 만들어 볼까? 나는 색깔이 고운 마카롱은 물론 호두, 무화과, 자두가 들어
간 빵까지 다 좋아하지. 독특하고 신선한 재료가 들어간 건강한 빵을 만들어 보자!

🦇 독특한 재료를 넣은 빵을 접시 위에 그리고, 빵 이름을 써 보세요.

나에게는 갓 잡은 붕어를 넣은 '싱싱한 붕어빵'을 만들어 달라냥!

노루궁뎅이버섯
빵

MILK

🦇 이웃 마녀들도 불러 함께 먹을 수 있도록 크고 특별한 케이크와 거기에 어울리는 음료도 만들어 보세요.
　　보기 좋은 음식이 맛도 좋답니다.

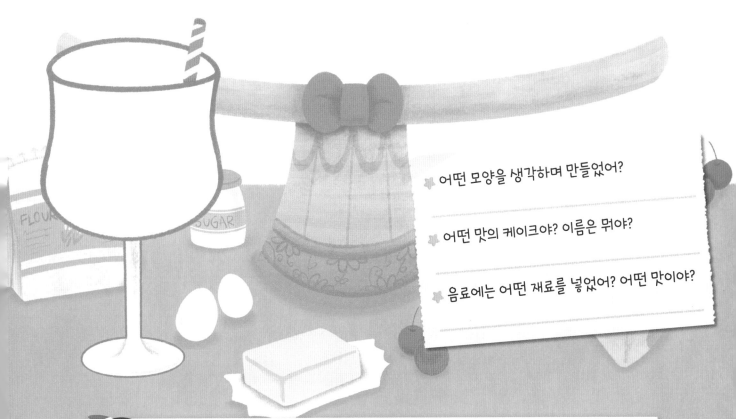

✴ 어떤 모양을 생각하며 만들었어?

＿＿＿＿＿＿＿＿＿＿＿＿＿＿＿＿＿＿

✴ 어떤 맛의 케이크야? 이름은 뭐야?

＿＿＿＿＿＿＿＿＿＿＿＿＿＿＿＿＿＿

✴ 음료에는 어떤 재료를 넣었어? 어떤 맛이야?

모양도 근사하고, 맛도 좋아 이웃집 마녀들이 엄청 칭찬하던 걸! 대단해!
모두들 미소 짓고 돌아갔으니 요리 함께 먹기 성공이야.
새콤달콤 마법카드 획득!!!

끝 글자 잇기로 칙칙폭폭!

언어대장, 기차들이 보이지? 여기서는 '끝 글자 잇기'로 나와 시합을 해 보자! 귀여운 동물로 끝 글자 잇기를 한다면, 잘 들어 봐! '지, 지, 지 자로 끝나는 말은? 망아지, 돼지, 두더지, 미꾸라지, 우리 강아지!' 이렇게 말이야.

🦇 기차의 몸통에는 글씨를 적고, 위쪽에는 그림으로 표현해서 끝 글자 잇기를 해 보세요.

리, 리, '리'자로 끝나는 말은? 개구리, 다리, 앞다리, 뒷다리, 올챙이 꼬리!

기차가 끊어지지 않고 잘 연결되어 있다면 성공이야.
칙칙폭폭 마법카드 획득!!!

추석을 마술병에 쏙!

꽁냥이가 마술 놀이터에서 놀다가 그만 마술병 뚜껑이 열려서 모두 섞여 버렸지 뭐야?
병에 쓰여 있는 이름대로 마술 약들을 넣어 줘야만 해. 마술 약을 화살표로 병 입구까지
그려주면 저절로 들어간대.

규칙 '명절', '국경일(나라의 좋은 일을 기념하는 날)'에 해당하는 5개의 마술 약을 각각 넣어 줄 것.

주의사항 만약 마술 약을 3개 이상 잘못 넣으면 병이 깨진다. 으악!

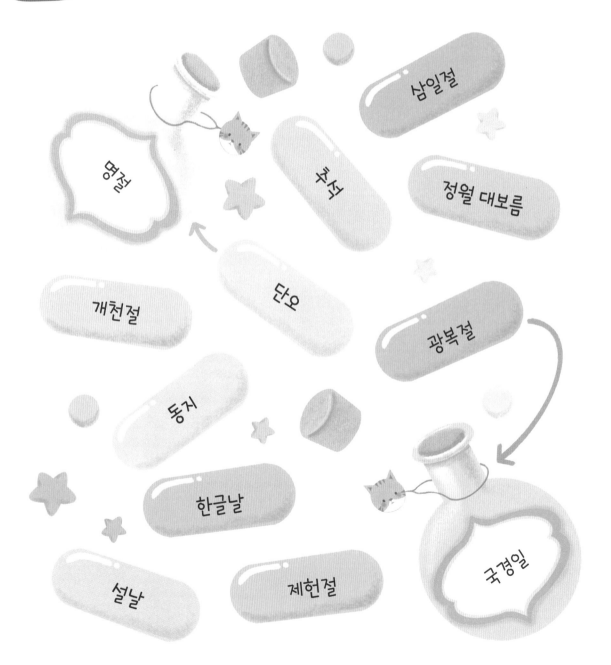

비슷한 말을 찾아라!

꽁냥이가 뒤죽박죽 마법 책을 보고 있네. 아래 낱말과 비슷한 말을 뒤죽박죽 마법 책에서
찾아 써 보자!

아이   아우   단어

동무

보물   동네

부엌

채소   책방

궁전

예시

친구 **동무**   동생   낱말

서점   마을   야채

보석   주방

대궐   어린이

지네야, 나를 한번 믿어 봐!

03 아롱다롱 꾸미는 밤

언어대장, 이번에는 나의 고민을 해결해 줘! 얼마 전에 지네가
이 방으로 들어와 나에게 마법을 써서 자기 발마다 모두 다른
신발을 만들어 달라며 나가지 않네. 어쩌면 좋지?

🦇 지네가 어떤 신발을 좋아할까요?
상상한 대로 그려 보세요.
그리고 신발에 어떤 특징이
있는지 설명해 보세요.

로켓 신발
이 신발 하나로 우주까지
날아갈 수 있음!

내 발바닥에는 말랑말랑
하고 폭신폭신한 '분홍빛
젤리'가 있다냥!

❋ 지네는 다리가 많아 좋은 점은 무엇일까?

❋ 또 불편한 점은 무엇일까?

❋ 지네의 신발은 모두 다른데 어떻게 하면 빨리 갈 수 있을까?

어라? 지네가 돌아갔네! 언어대장이 만든 신발들이 마음에 쏙 들어
자기 집으로 갔으니 이번 미션도 성공이야. **아롱다롱 마법카드** 획득!!!

마법카드

주거니, 받거니, 읊거니!

언어대장, 이 방에서는 '주고받는 말놀이'를 해 보자! 어떻게 하냐고?
묻고 답하면서 말을 주고받는 놀이야. "하나는 뭐니? 빗자루 하나.
둘은 뭐니? 안경알 두 알!" 이렇게 말이야. 잘할 수 있겠지?

🦇 하나부터 열까지 말놀이를 하고, 어울리는 그림도 그려 보세요.

🦇 하나는 뭐니?

_____ 하나!

✿ 셋은 뭐니?

_____ 셋!

✿ 다섯은 뭐니?

_____ 다섯!

✿ 일곱은 뭐니?

_____ 일곱!

✿ 아홉은 뭐니?

_____ 아홉!

✿ 둘은 뭐니?

_____ 둘!

✿ 넷은 뭐니?

_____ 넷!

✿ 여섯은 뭐니?

_____ 여섯!

촉촉한 내 코 하나,
반짝반짝 내 눈 둘,
매력적인 내 수염 셋,
날씬한 내 다리 넷이다냥!

✿ 여덟은 뭐니?

_____ 여덟!

✿ 열은 뭐니?

_____ 열!

하나부터 열까지 묻고 대답하니, 머릿속의 생각이 말랑말랑해지는 것 같지?
이번 미션 역시 성공이야. **말랑말랑 마법카드** 획득!!!

악기 이름 낚시

꽁냥이가 신나게 낚시를 하고 있네. 물방울에 있는 글자를 골라 주제에 해당하는 낱말이 되면 물고기에 쓰면 돼. 물고기는 모두 10마리야.

규칙 '악기' 이름을 생각하며 물방울 속 글자에 표시하고, 물고기에 낱말을 쓸 것.

주의사항 만약 물고기를 7마리 이상 잡지 못하면 물방울들이 모두 하나가 되어 우리를 공격한다. 살려줘!

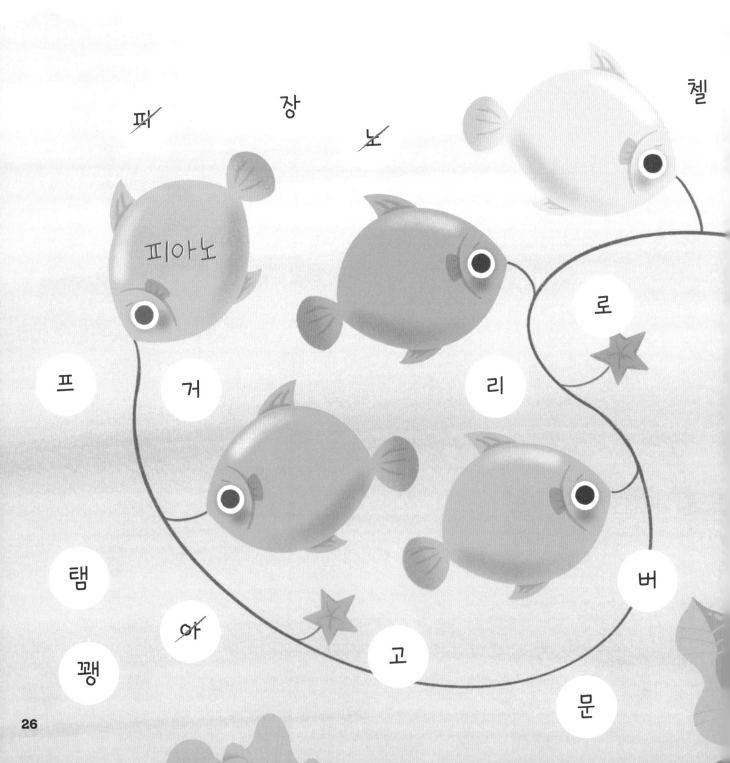

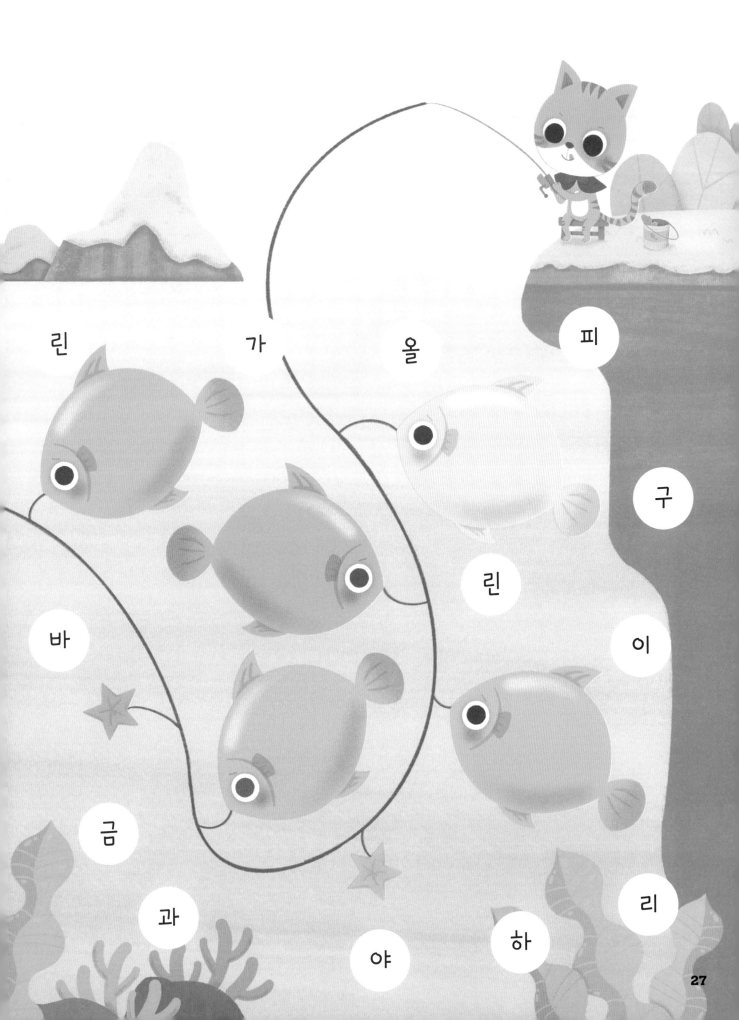

린 가 올 피

구

바 린

이

금

과 리

야 하

27

05

씩씩한 내 발아, 사랑해!

이 방을 통과하는 비밀 열쇠는 '칭찬의 말'이야.
이번에는 나를 걷게도 뛰게도 하는 발을 칭찬해 보자!

🦇 발가락을 가지런히 해서 종이에 올려놓은 뒤, 발 모양을 따라 그리세요.
발톱이나 주름, 점 하나까지 자세히 그려 보세요.

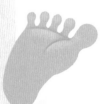

⭐ 내 발을 그리며 새롭게 발견한 3가지를 써 보자!

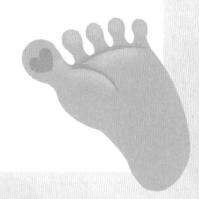

28

내 발에 해 줄 칭찬의 말을 다섯 발가락에 적어 보세요.

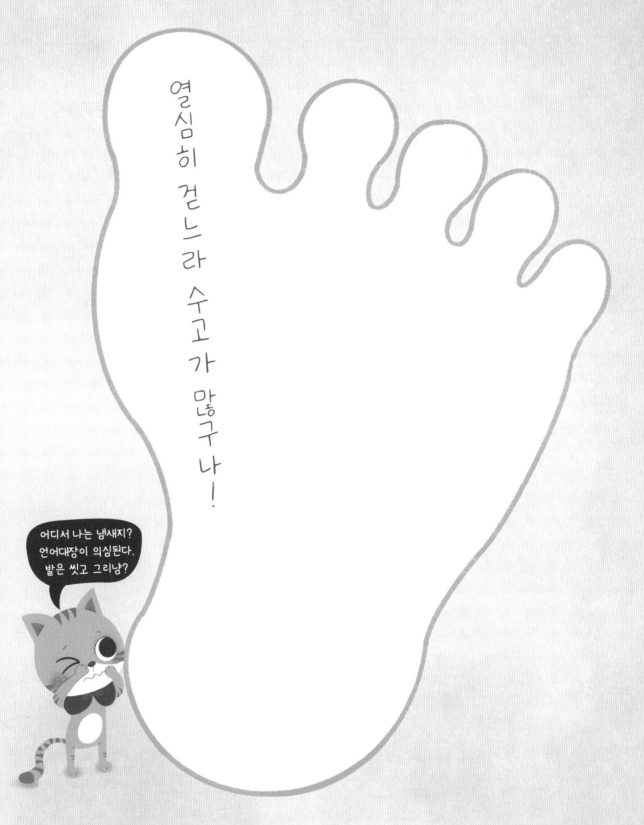

열심히 걷느라 수고가 많구나!

어디서 나는 냄새지?
언어대장이 의심된다.
발은 씻고 그리냥?

발가락 사이의 깨 점까지 그렸다고? 내 발이 오늘따라 예쁘게 보이고,
내 발에 고마운 마음이 들었다면 성공이야. **토닥토닥 마법카드** 획득!!!

뭉게뭉게 구름 이야기

언어대장, 지금 창을 열고 하늘을 한번 봐! 저 구름은 토끼 모양이야!
그럼 우리 뭉게뭉게, 둥실둥실 구름을 한번 그려 보자.

🦇 자신이 상상한 구름을 그리고 다양하게 꾸며 보세요.
그리고 구름에게 어울리는 근사한 이름도 지어 주세요.

토끼 구름

✿ 어떤 구름이 가장 좋아?

✿ 왜 그렇게 생각했지?

30

난 붕어 구름을
그릴 거다냥!

언어대장이 가을 하늘처럼 높고 푸르며 넓은 마음으로 구름을 그렸으니,
이번 미션 성공이야. **꼼질꼼질 마법카드** 획득!!!

낱말 블록 쌓기

꽁냥이가 열심히 낱말 블록을 쌓고 있네. 뜻풀이가 적힌 쪽지와 낱말 블록을 같은 색으로 칠해 보자. 블록도 쌓고 낱말도 익히자.

규칙 쪽지와 낱말 블록의 색깔을 잘 맞출 것.

주의사항 만약 색깔이 틀린 게 3개 이상이면 쌓아 놓은 블록이 와르르 무너진다. **맙소사!**

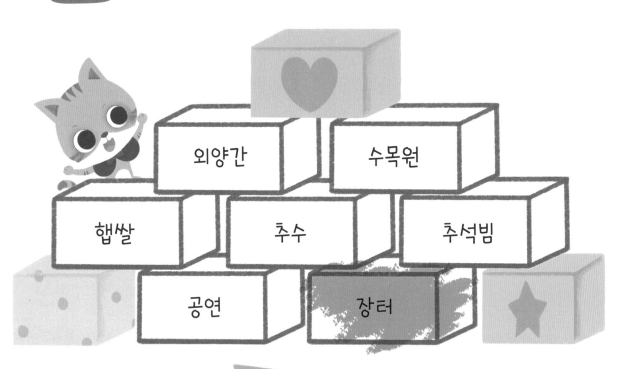

외양간

수목원

햅쌀

추수

추석빔

공연

장터

장이 서는 터. 장사를 하는 시장.

말과 소를 기르는 곳.

여러 가지 나무를 모아서 가꾸거나 관찰하는 시설.

가을에 익은 곡식을 거두어들이는 일.

음악, 무용, 연극 따위를 많은 사람 앞에서 보이는 일.

추석을 맞이하여 새로 사거나 깨끗이 빨아서 입도록 준비한 옷.

그 해에 새로 난 쌀.

32

맞춤법이 식은 죽 먹기

꽁냥이가 맞춤법은 이제 식은 죽 먹기라고 말했지만 아래 문장들을 보더니 고개를 갸우뚱거리네.
언어대장이 잘 보고, 맞는 낱말을 찾아 ○표 해주자. 자신 있지? 물론 좀 틀려도 괜찮아.
지금 배우면 되니까!

❶ 가을 하늘은 놉고 (높고) 푸르러서 상쾌해요.

❷ 울긋불긋 단풍잎 단풍입 을 보러 산에 올라갔어요.

❸ 주먹만 한 감이 달린 가지를 꺾었지요 꺽었지요 .

❹ 쓱쓱 닦아 조금 베어 물었는데 너무 떫었어요 떨벘어요 .

❺ 혀를 쑥 내밀고 침을 퉤퉤 뱉었지요 뱃었지요 .

❻ 조금 더 익혀서 껍질을 벗겨 말리면 꽃감 곶감 이 된대요.

❼ 다람쥐는 밤과 도토리를 줍느라 줏느라 바빠요.

❽ 드디어 산꼭대기 산꼭데기 에 도착했어요.

❾ 두 손을 입에 모으고 큰 소리로 왜쳤지요 외쳤지요 .

❿ "야호!" 하니 저 멀리서 메아리 매아리 가 대답해 주네요.

한글 모음의 유쾌한 행진!

언어대장, 지난번 한글 자음 대결에 이어 여기서는 모음 대결을
해 보는 게 어때? 과연 이번에는 결판이 날까? 어디 시작해 보자고!

🦇 모음(홑소리) 10개로 재미난 그림을 그리고, 그 모음으로 시작하는 낱말을 써 보세요.

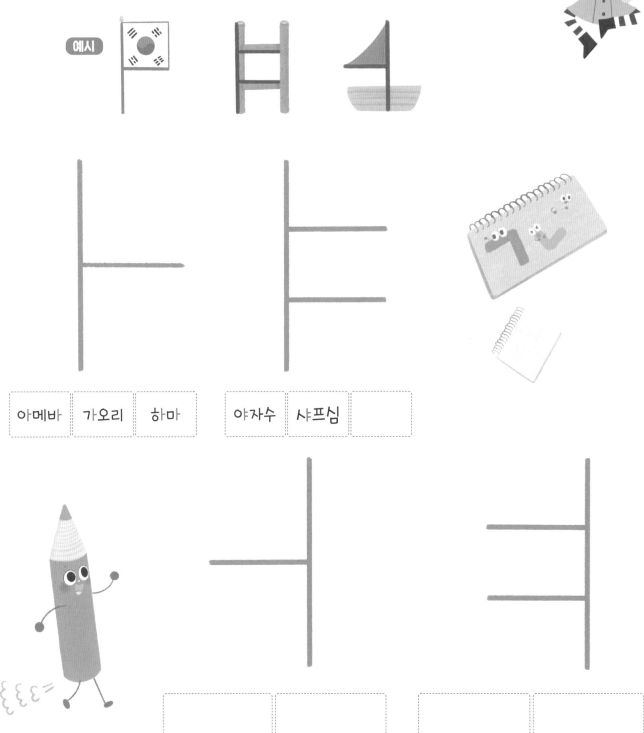

예시

| 아메바 | 가오리 | 하마 |

| 야자수 | 샤프심 | |

ㅗ ㅛ

ㅜ ㅠ

ㅡ ㅣ

'ㅎ'에 모음을 붙으면
"하하, 허허, 호호, 히히"
모두 웃음소리가 된다냥!

글자들이 순서에 맞춰 행진하는 것 같네? 이번 미션도 성공이야.
새록새록 마법카드 획득!

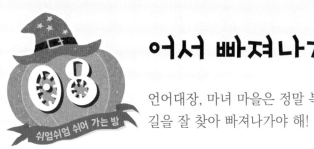

어서 빠져나가라!

언어대장, 마녀 마을은 정말 복잡해. 산도 있고 계곡도 있고, 게다가 위험한 동물도 정말 많아.
길을 잘 찾아 빠져나가야 해!

그림 속 마녀 마을 미로를 탈출해 보세요.

탈출

신체 징검다리 건너기

꽁냥이는 물을 아주 싫어해. 그런데 물과 친해지고, 한글 공부도 하라며 꽁꽁마녀가 징검다리가 놓인 개울 놀이터를 만들었지 뭐야? 언어대장이 맞춤법에 맞는 돌 한 개에만 색칠해 줘.
그걸 따라서 꽁냥이가 개울을 잘 건널 수 있도록 말이야.

규칙
'신체 이름'이 바르게 쓰인 돌만 색칠해서 징검다리를 만들 것.

주의사항
틀린 글자를 밟으면 꽁냥이가 물에 빠지며 그로 인한 스트레스로 성격이 포악해질 수 있다. 안 돼!

머리가락

머리카락

어깨

어깨

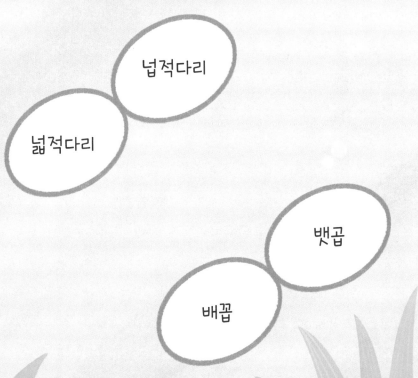

넙적다리

넓적다리

뱃곱

배꼽

팔꿈찌

엽구리

팔꿈치

옆구리

겨드랭이

무릎

겨드랑이

무릎

발꼬락

발가락

뒷굼치

뒤꿈치

휴지통이 인사를 한다고?

언어대장, 내가 책에서 보니 사람들이 쓰레기를 함부로 버려 더러워진 도시가 있었대. 그때 개발된 것이 '말하는 휴지통'이라는 군. 쓰레기를 휴지통에 버리면 휴지통에서 "고맙습니다!" 라는 말이 나와 그때부터 사람들은 쓰레기를 잘 버리게 되었고, 도시가 다시 깨끗해졌대. 아이디어 하나가 큰 변화를 만들어 낸 거지.

🦇 우리 꽁냥이에게는 두 가지 나쁜 습관이 있어요.
이것을 고쳐 줄 기계를 생각해서 그림으로 그려 보세요.

고맙습니다!

꽁냥이의 나쁜 습관 두 가지

☝ 밤에 잠을 자지 않고 돌아다니려고만 한다.

✌ 생선만 먹으려고 하는 등 편식이 심하다.

🌸 꽁냥이의 어떤 습관을 고치기 위한 아이디어야?

🌸 어떻게 하면 고칠 수 있을까?

🌸 이 기계의 이름은 뭐라고 지었어?

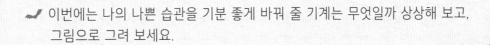

이번에는 나의 나쁜 습관을 기분 좋게 바꿔 줄 기계는 무엇일까 상상해 보고,
그림으로 그려 보세요.

아이스크림을 많이 먹어 배탈이
나는 마녀님을 위한 기계!
아이스크림을 꺼내면
"이제 그만!"이라는 말이 나오는
기계가 필요하다냥.

이제 그만!

🌸 언어대장이 고쳐야 할 나쁜 습관은 뭐가 있을까?

_____

🌸 어떻게 하면 기분 좋게 바꿀 수 있을까?

_____

🌸 이 기계의 이름은 뭐라고 지었어?

_____

우리 꽁냥이를 위해 아이디어를 내 주고, 스스로의 나쁜 습관도 고친다면
이번 미션도 성공이야. **반짝반짝 마법카드** 획득!!!

41

꼬인다, 꼬여!

언어대장, '잘잘잘'이라는 전래동요를 아니? '하나' 하면 '하' 자가 들어가고, '둘' 하면 '두' 자가 들어가지. 그렇게 '열'까지 부르면 정말 재미있어. 하지만 가사를 보면 지금과는 많이 달라. 요즘에는 종을 치는 두부 장수도, 빨래를 하러 냇가에 가는 일도 별로 없으니 말이야.

🦇 '잘잘잘' 노래 가사를 자신이 생각한 대로 바꿔 불러 보세요.

하나 하면 할머니가 지팡이로 걷는다고 잘잘잘   하나 하면 _____

둘 하면 두부 장수 종을 친다고 잘잘잘   둘 하면 _____

셋 하면 새색시가 거울을 본다고 잘잘잘   셋 하면 _____

넷 하면 냇가에서 빨래질 한다고 잘잘잘   넷 하면 _____

다섯 하면 다람쥐가 알밤을 깐다고 잘잘잘 ➡ 다섯 하면 _____

여섯 하면 여학생이 공부를 한다고 잘잘잘   여섯 하면 _____

일곱 하면 일꾼들이 나무를 벤다고 잘잘잘   일곱 하면 _____

여덟 하면 엿장수가 엿을 판다고 잘잘잘   여덟 하면 _____

아홉 하면 아버지가 장보러 간다고 잘잘잘   아홉 하면 _____

열 하면 열무장수 열무를 판다고 잘잘잘   열 하면 _____

'하나' 하면 하늘에서 벼락이 친다고 잘잘잘,
'둘' 하면 두꺼비가 벼락을 맞았다고 잘잘잘,
'셋' 하면 세발낙지도 벼락을 맞았다고 잘잘잘…
내가 만든 잘잘잘은 벼락 맞다가 끝난다냥!

아래 주어진 문장을 정확하게 읽어 보세요. 익숙해지면 빠르게 말해 보세요.

저기 저 뜀틀이 내가 뛸 뜀틀인가
내가 안 뛸 뜀틀인가.

내가 그린 구름 그림은 새털구름 그린 구름 그림이고,
네가 그린 구름 그림은 깃털구름 그린 구름 그림이다.

전래동요 부르기나 잰말 놀이는 어렵지만 정말 재미있어. 오늘도 열심히
참여한 언어대장, 이번에도 미션 성공이야. **신통방통 마법카드** 획득!

귀뚜라미 십자말풀이

꽁냥이가 끙끙거리며 십자말풀이를 하고 있네. '십자말풀이'는 바둑판 같은 바탕에 가로와 세로에 있는 문제의 답을 쓰는 낱말 퀴즈야. 답을 다 쓰면 '귀뚜라미'를 외쳐야 해.

규칙 가로, 세로 각각 4개의 답을 모두 쓴 후 '귀뚜라미'를 외칠 것.

주의사항 만약 '귀뚜라미'를 외치지 못하면 1시간 동안 말을 할 수 없게 된다. **답답해!**

가로 도움말

1. 공기 중의 물방울이 햇빛을 받아 나타나는 일곱 빛깔.
2. 항문에서 배출되는 가스로 냄새와 소리가 나기도 함. 뿡!
4. 화장을 하거나 대소변을 배출하는 장소.
7. 집을 등에 지고 다니는 연체동물.

세로 도움말

1. 우리나라를 상징하는 꽃.
3. 귀뚤귀뚤 소리를 내는 곤충.
5. 비가 올 때 신는 목이 긴 신발.
6. 보름날(음력 15일) 밤에 뜨는 둥근 달.

마음 퀴즈 나무

꽁냥이가 팔을 쭉쭉 뻗으며 감을 따려고 하네. 그런데 감 열매에 쓰여 있는 '우리 마음'에 해당하는 낱말을 〈보기〉에서 찾아서 감 열매와 같은 색으로 칠해야만 맛있는 감을 딸 수 있어.

보기

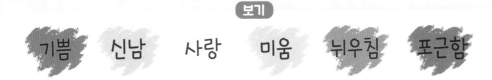

기쁨   신남   사랑   미움   뉘우침   포근함

갖고 싶은 걸
가졌을 때의
흐뭇한 감정.

어떤 일이 정말
재밌어 보여서
해 보고 싶은 감정.

우리를 환하게
웃게도 하고,
눈물을 흘리게도
하는 감정.

어떤 사람이
마음에 들지 않고
거슬릴 때 드는
감정.

뭔가 나쁜 일을
했다고 생각했을
때 드는 감정.

부드럽고 따뜻한 느낌,
안아주고 싶은 느낌과
비슷한 감정.

45

디즈니에게 물어보자!

난 위인들의 이야기 읽는 것을 아주 좋아해. 좀 전에 읽은 '미키마우스의 아버지, 디즈니'의 이야기는 정말 감동적이었어. 같이 읽어 볼까?

🦇 언어대장이 디즈니를 직접 만나 궁금한 걸 물어본다면 뭐라고 대답해 주셨을까 생각하고 써 보세요.

디즈니의 집은 너무 가난했어요. 그래서 디즈니는 어릴 때부터 부모님을 도와 가축도 돌보고, 새벽 3시에 일어나 신문을 배달하기도 하는 등 하루도 빠지지 않고 열심히 일했어요. 그림 그리기를 좋아했던 디즈니는 바쁜 와중에서도 만화를 그리는 것이 정말 좋았어요.

"찍찍, 찍찍찍!"

만화가가 된 디즈니가 작업실에서 그림을 그리고 있었는데 방해하는 것들이 있었어요. 바로 생쥐들이었지요. 생쥐들은 먹다 남은 빵 부스러기를 열심히 먹고 있었어요. 그 모습을 자세히 본 디즈니는 생쥐들이 귀여워서 특징을 살려 열심히 스케치했고, 그 그림이 바로 '미키 마우스'가 되었지요. 미키가 외로울까 싶어 미키의 여자 친구 '미니 마우스'가 탄생한 것은 물론 오리 '도널드 덕'과 여자 친구 '데이지', 강아지 '구피'와 '플루토' 등이 만들어졌어요. 디즈니 만화에 등장하는 사랑스런 캐릭터들이지요.

✱ 디즈니 씨,
당신이 만든 캐릭터 중에서도 어떤 캐릭터가 가장 마음에 드나요?

✱ 디즈니 씨, 만화가가 되기 위해서 어떤 노력을 했나요?

✱ 디즈니 씨, '만화가'라는 직업의 매력은 무엇인가요?

46

디즈니처럼 만화가가 된 내 모습과 만들고 싶은 캐릭터를 그리고 이름도 지어 주세요.

✿ 언어대장이 만든 캐릭터의 특징은?

✿ 캐릭터의 이름은 뭐라고 지었어?

✿ 만들어진 캐릭터는 누가 가장 좋아할까?

고양이 캐릭터로는 하얀 고양이 '키티'가 있고, 검은 고양이 '네로'기 있다냥!

'만화가'라는 직업도 아주 멋지지? 매력적인 만화가가 될 수 있는 언어대장을 응원하면서 이번 방도 통과! **무럭무럭 마법카드** 획득!!!

마법카드

우리 집에 누가 왔다고?

하늘에 먹구름이 잔뜩 껴 어두컴컴한 어느 날, 놀이터에서 신나게 놀다가 집에 돌아왔더니…….
어머나 세상에! 거실에는 침팬지가 앉아서 신문을 보고 있고, 주방에서는 염소가 냉장고 문을
열고 우유를 마시고 있었으며, 욕실에 들어가니 수달이 욕조에서 헤엄을 치고 있었다. '드르렁'
하는 소리에 깜짝 놀라 방에 들어갔더니 코알라가 옷걸이에 걸터앉아 자고 있네.
어떻게 이런 일이? 언어대장이 동물들을 잘 달래서 집으로 돌려보내 볼까?

🦇 우리 집에 온 동물들을 그림으로 그리고, 도대체 우리 집에 왜 왔는지 동물들의 생각을 말풍선에 써 보세요.

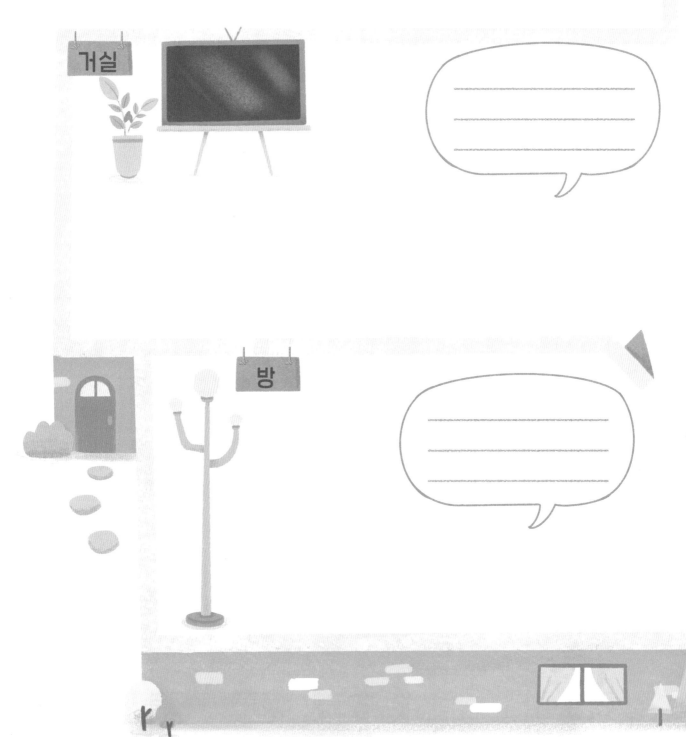

119에 신고를 해야 하나? 그럼 소방관 아저씨들이 기절하실 텐데. 아, 도대체 얘들을 모두 어쩐다냥?

주방

욕실

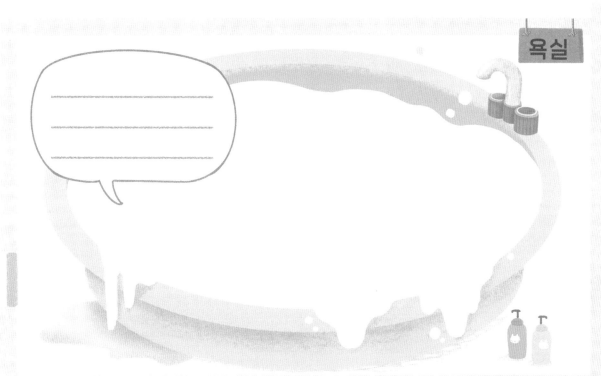

모두 안전하게 자기 집으로 돌아갔다고? 휴, 다행이야! 돌려보내느라 애썼으니, 이번 미션도 당연히 성공이야. **키득키득 마법카드** 획득!!!!

노력의 중요성 속담 퍼즐

꽁냥이가 갸우뚱거리며 속담 퍼즐을 맞추고 있네.
속담의 뜻을 생각하며 퍼즐을 맞춰 연결한 후 바르게 써 보자.

예시 어려운 일을 겪고 난 뒤에는 반드시 좋은 일이 생긴다는 뜻.

첫술에

정성을 다한 일은 반드시 좋은 결과를 얻는다는 뜻.

천 리 길도

여러 번 계속해서 애쓰면 어떤 일도 이룰 수 있다는 뜻.

고생 끝에

어떤 일이든지 처음부터 단번에 만족할 수 없다는 뜻.

티끌 모아

무슨 일이든 그 일의 시작이 중요하다는 뜻.

구르는 돌에는

부지런히 노력하는 사람은 계속 발전한다는 뜻.

공든 탑이

작은 것이라도 모이고 모이면 나중에 큰 것이 된다는 뜻.

열 번 찍어

✳ 속담 바르게 써 보기 ✳

안 넘어가는 나무 없다

이끼가 끼지 않는다

무너지랴

배부르랴

한 걸음부터

낙이 온다 　　　고생 끝에 낙이 온다

태산

달, 달, 무슨 달?

가을에서 제일 즐거운 날은 추석일거야. 여기서는 도란도란 '추석'에 대한 이야기를 해 보자.
내가 책에서 제일 재밌게 본 건 '강강술래'야. 크고 동그란 보름달 아래에서 사람들이 예쁜
한복을 입고 손을 잡고는 노래를 부르던데, 정말 흥겨워 보였어. 나도 언젠가는 꼭 해 볼 거야!

🦇 한복은 명절에는 물론 언제 입어도 예쁘지요. 한복을 입은 멋진 자기 모습을 그려 보세요.

🌸 한복의 좋은 점은?

_____

🌸 한복의 불편한 점은?

_____

🌸 내가 한복 디자이너라면 어딜 고쳐 볼까?

_____

추석에는 제일 동그란 달님이지만 달의 모습은 계속 바뀌지요. 모습이 바뀐 달님과 비슷한 물건에는 무엇이 있을지 글로 쓰거나 그려 보세요.

송편

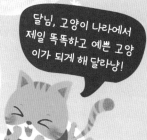

달님, 고양이 나라에서 제일 똑똑하고 예쁜 고양이가 되게 해 달라냥!

추석에는 달님에게 어떤 소원을 빌까?

언어대장이 고운 한복을 입고 강강술래를 하는 모습을 보고 싶네!
달님에게 빈 소원이 꼭 이루어지기를 바라며, 이번 미션도 기분 좋게
성공이야. **도란도란 마법카드** 획득!!!

더도 말고 덜도 말고!

14
알쏭달쏭 수수께끼 방

'더도 덜도 말고 한가위만 같아라.'라는 말이 있어. '한가위'는 '추석' 명절을 말하는데, 이때는 맛있는 음식도 많고, 즐거운 놀이를 하니까 일 년 내내 추석 같기만을 바라는 말이지. 여기서는 글자의 첫소리인 자음만을 보고 낱말을 맞추는 '초성 퀴즈'를 해 보자!

🦇 '가을에 볼 수 있는 곤충'과 '추석에 하는 민속놀이'로 초성 퀴즈를 맞혀 보세요.

예시

| 고 | 추 | 잠 | 자 | 리 |

| ㅂ | ㅅ | ㅊ | ㄱ |

| ㄱ | ㄱ | ㅅ | ㄹ |

| ㅇ | ㄸ | ㄱ |

| ㅈ | ㄷ | ㄹ | ㄱ |

| ㅅ | ㅁ | ㄱ |

| ㅌ | ㅎ |

| ㅇ | ㅊ |

| ㅆ | ㄹ |

| ㄱ | ㄸ | ㄹ | ㅁ |

아래는 동물 이름을 맞히는 수수께끼입니다. 알쏭달쏭 수수께끼를 풀어 보세요.

예시

등에 산봉우리를
이고 다니는 동물은?

낙타

몸에 가시가 수없이
박혀도 사는 동물은?

_____

꼬리는 꼬리인데,
날아다니는 꼬리는?

_____

이는 이인데, 이 세상에서
제일 이쁜이는? 정답은
꽁냥이! 하하하.

등에 분수를 짊어지고
다니는 동물은?

_____

언제나 등에 집을 짊어지고
이사 다니는 동물은?

_____

앞으로는 못가고
옆으로만 다니는 동물은?

_____

세상에서
제일 빠른 새는?

병아리가 제일
잘 먹는 약은?

_____

잘 맞춘 것 같아? 생각보다 어려웠다고? 그랬다면 나는 성공이지!
이제 마지막 방 하나가 남았네. 초성 퀴즈와 수수께끼 모두 잘 맞혔다면
성공이야. **알쏭달쏭 마법카드 획득!!!**

꽁냥이의 일기 쓰기

꽁냥이의 친구 '까망이'가 쓴 일기야. 그런데 맞춤법을 많이 틀렸네.
언어대장이 틀린 부분을 고쳐 주자!

9 월 23 일   날씨: 파란 하늘에 양때구름 떠다님
                        (   )

나는 까만색이 진짜 실타.
            (   )

외냐하면 내 털이 까만색이기 떼문이다. 흰 털이나 노란 털이면 얼마나 좋을까!
(   )   (   )

까만 털이라서 밤에는 잘 보이지도 안는다.
                        (   )

내가 눈을 감고 있으면 마녀님은 나를 발고 지나가기도 한다. 이런!
                        (   )

마녀님이 미안하다며 깜깜할 때 보이는 야광 색 양말을 만들어 줬다.
                    (   )

그런데 내 발톱이 너무 빨리 자라서 구멍이 뻥 나버렸지.
            (   )

그래서 어제는 마녀님이 색똥 모자를 만들어 줬다.
                (   )

그랬더니 이번에는 수염이 가려져서 내가 자꾸 너머지지 뭐야.
                                (   )

수염이 업는 고양이는 정말 치명적이거든.
    (   )

어쩔 수 업시 난 나의 까만 털을 받아들이기로 결정했다.
        (   )

문장 만들기가 식은 죽 먹기

꽁냥이가 '쓰기 놀이터'에서 글씨를 많이 써서 팔이 아프다며 투덜거리네. 꽁냥이가 쓴 〈보기〉와 같이 꾸며 주는 말을 넣어 문장을 완성하는 거야. 문장 만들기는 정말 식은 죽 먹기!

보기

아이가 걸어갑니다.

➡ 귀여운 아이가 뒤뚱뒤뚱 걸어갑니다.

엄마가 웃으십니다.

➡ _____

아빠가 웃으십니다.

➡ _____

강아지가 뛰어갑니다.

➡ _____

고양이가 뛰어갑니다.

➡ _____

꿀벌이 날아갑니다.

➡ _____

독수리가 날아갑니다.

➡ _____

울긋불긋 가을을 보내 주세요!

언어대장, 드디어 마지막 방에 도착했구나! 지금부터 너희 세상에
'가을'이 왜 꼭 필요한지 나를 설득해 보렴!

🦇 '가을' 하면 떠오르는 것을 자유롭게 적어 보세요.

놀이

음식

추석

열매

달

가을

곤충

왜 가을이
필요할까?

58

🦇 '가을'을 주제로 동시를 짓고, 어울리는 그림도 멋지게 그려 보세요.

은행잎은 노란색, 단풍잎은 빨간색, 하늘은 파란색. 가을의 색은 나 꽁냥이님의 매력만큼이나 다양하다냥!

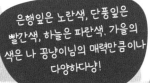

가을은 정말 아름답고 신비해! 네가 지은 동시도 마음에 들고.
두근두근 마법카드까지 획득!

가을 요정을 인간 세상으로 보내요!

축하한다, 언어대장! 열다섯 장의 마법카드를 모았으니, '열려라, 뚝딱 열쇠'를 얻을 수 있어.
문을 열어 가을 요정을 인간 세상으로 보내 줘! 이제 겨울 요정이 있는 4층에서 만나자.

미션을 마친 기분과 가을 요정에게 하고 싶은 말을 적어 주세요.

가을 요정님, 가지 마세요.
고추잠자리 잡으며 우리랑
함께 살자냥.

가을 요정은 수고한 언어대장에게 어떤 이야기를 해 주었을까요? 자유롭게 적어 보세요.

겨울 요정을
구하라!

마음이 따뜻해지는 음식!

언어대장, 마지막 4층으로 올라왔네! 겨울은 정말 너무 추워.
이럴 땐 몸이 따뜻해지는 음식을 먹는 게 최고지!
이 멋진 식탁에 몸과 마음이 따뜻해지는 음식을 가득 차려 줘!

🦇 따뜻한 느낌이 드는 음식을 그리고, 음식 이름과 간단한 설명도 써 주세요.

따끈따끈 맛있다는 '붕어빵'을
나는 절대 거부한다! 왜나하면
붕어가 안 들어 있기 때문이다냥!

『손 큰 할머니의 만두 만들기』
에서 본 만두

『빨간머리 앤』에서 앤과
다이애나가 함께 만든 캔디

좋아하는 사람들과 따뜻한 음식을 나누어 먹으면 두 배는 더 맛있지.
이번 미션도 성공이야. **새콤달콤 마법카드** 획득!!!

말허리 잇기로 칙칙폭폭!

언어대장, 여기서는 '말허리 잇기'로 기차를 연결해 보자! 우리 몸에서 '허리'는 가운데잖아. 그래서 '말허리 잇기'는 낱말의 가운데 글자로 연결하는 거야. 가운데 글자가 있으려면 반드시 세 글자 낱말이어야 하지. 예를 들면 동백꽃 ➡ 백설기 ➡ 설탕물 ➡ 탕수육 ➡ 수제비 ➡ 제비꽃 ➡ 비구름 ➡ 구구단 ➡ … 이렇게 말이야.

🦇 기차의 몸통에는 글씨를 적고, 위쪽은 그림으로 표현해서 말허리 잇기를 해 보세요.

동물원 ➡ 물걸레 ➡ 걸음마
➡ 음악가 ➡ 악바리 ➡
바가지 ➡ 가르릉 가르릉
꽁냥이 잔다냥!

말허리 잇기가 끊어지지 않고 잘 연결되어 있다면 성공이야.
칙칙폭폭 마법카드 획득!!!

다람쥐를 마술병에 쏙!

꽁냥이가 마술 놀이터에서 놀다가 그만 마술병 뚜껑이 열려서 모두 섞여 버렸지 뭐야?
병에 쓰여 있는 이름대로 마술 약들을 넣어 줘야만 해. 마술 약을 화살표로 병 입구까지
그려 주면 저절로 들어간대.

규칙 '겨울잠을 자는 동물', '겨울잠을 자지 않는 동물'에 해당하는 5개의 마술 약을 각각 넣어 줄 것.

주의사항 만약 마술 약을 3개 이상 잘못 넣으면 병이 깨진다. 으악!

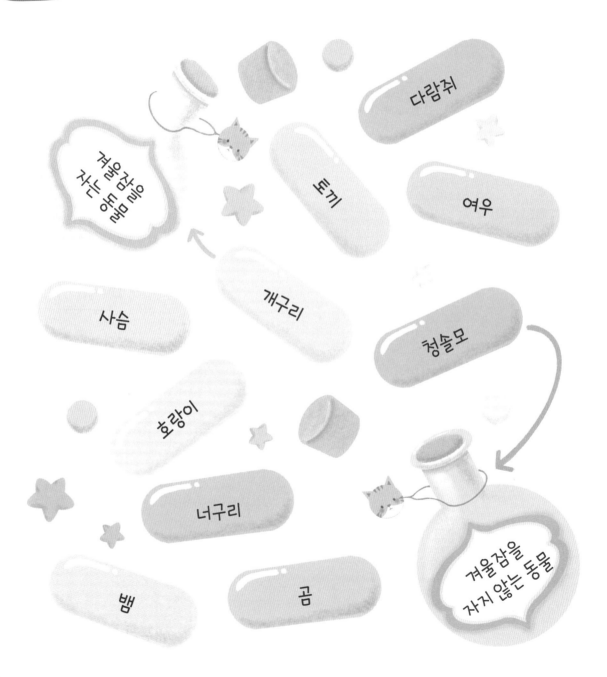

반대말을 찾아라!

꽁냥이가 뒤죽박죽 마법 책을 보고 있네. 아래 낱말의 반대말을 뒤죽박죽 마법 책에서 찾아 써 보자!

아래   오른쪽   작다

뒤

닫다

짧다

좁다

더럽다

낮다   서다

예시

위 ⌒ 아래

앞 ⌒

왼쪽 ⌒

크다 ⌒

길다 ⌒

넓다 ⌒

열다 ⌒

높다 ⌒

앉다 ⌒

깨끗하다 ⌒

나보다 예쁜 고양이, 다 나와!

지난번에 언어대장이 내 스타일을 멋있게 바꿔 줬잖아?
그다음부터 꽁냥이가 자기도 멋지게 꾸며 달라고 조르고 있어.
이번 방에서는 우리 꽁냥이를 예쁘게 만들어 줘.

🦇 꽁냥이가 바라는 스타일에 따라 털 모양을 만들고, 털 색깔도 바꿔 주세요.

화려한 털을 가진 알록달록 꽁냥이

세상에서 제일 똑똑해 보이는 꽁냥이

인디언 추장 모자에 달린
깃털 같은 스타일로
깎아달라냥!

여러분은 반려동물이 있나요? 또 다른 반려동물을 키운다면 어떤 것을 키우고 싶은가요?
키우고 싶은 동물(강아지, 고양이, 앵무새, 열대어, 햄스터, 고슴도치, 장수풍뎅이 등)을 그리고,
이름도 지어 보세요.

언어대장이 키우고 싶은 반려동물 1

✿ 종류: _____

✿ 이름: _____

언어대장이 키우고 싶은 반려동물 2

✿ 종류: _____

✿ 이름: _____

꽁냥이가 자신의 모습이 무척이나 마음에 드나 봐. 온종일 거울 앞에만 있네.
이번 미션도 성공이야. **아롱다롱 마법카드** 획득!!!

잊지 마, 잊으면 지는 거야!

언어대장, 이번에는 '말 덧붙이기 놀이'를 하자! 앞 사람이 말한 것을 반복하면서 새로운 내용을 덧붙이는 놀이야. 예를 들면 "과일 가게에 가면 사과도 있고 ➡ 과일 가게에 가면 사과도 있고, 배도 있고 ➡ 과일 가게에 가면 사과도 있고, 배도 있고, 감도 있고 ➡ …" 이렇게 말이야.

✔ 예시를 참고하여, 주어진 주제에 네 가지 내용을 덧붙여 보세요.

예시 ✳ 우리 집에 오면

❶ 우리 집에 오면 꽁냥이도 있고,

❷ 우리 집에 오면 꽁냥이도 있고, 꽁꽁밧줄도 있고,

❸ 우리 집에 오면 꽁냥이도 있고, 꽁꽁밧줄도 있고,
   슝슝빗자루도 있고,

❹ 우리 집에 오면 꽁냥이도 있고, 꽁꽁밧줄도 있고,
   슝슝빗자루도 있고, 깜짝이야 망원경도 있고,

✳ **놀이터에 가면**

❶ 놀이터에 가면

❷

❸

❹

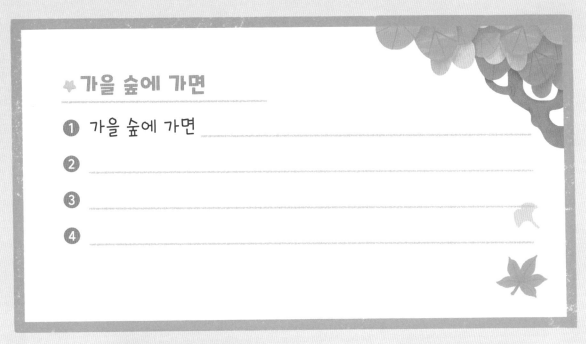

✤ 가을 숲에 가면

① 가을 숲에 가면 ....

② ....

③ ....

④ ....

연어는 맛있어 ➜ 맛있으면
고등어 ➜ 고등어는 바다에 ➜
바다에는 인어 ➜ 인어는 예뻐
➜ 예쁘면 꽁냥이!

✤ ....

➘➚ 이번 주제는 언어대장이
　　　　정해서 이어 가 봐!

① ....

② ....

③ ....

④ ....

기억하는 것이 어려웠어, 아니면 주제에 맞는 낱말이 어려웠어?
그래도 이 정도는 한 번도 안 틀리고 잘 이어 갔다고?
그렇다면 당연히 성공이지. **말랑말랑 마법카드** 획득!!!

나라 이름 낚시

꽁냥이가 신나게 낚시를 하고 있네. 물방울에 있는 글자를 골라 주제에 해당하는
낱말이 되면 물고기에 쓰면 돼. 물고기는 모두 10마리야.

규칙 '나라' 이름을 생각하며 물방울 속 글자에 표시하고, 물고기에 낱말을 쓸 것.

주의사항 만약 물고기를 7마리 이상 잡지 못하면 물방울들이 모두 하나가 되어 우리를 공격한다. 살려줘!

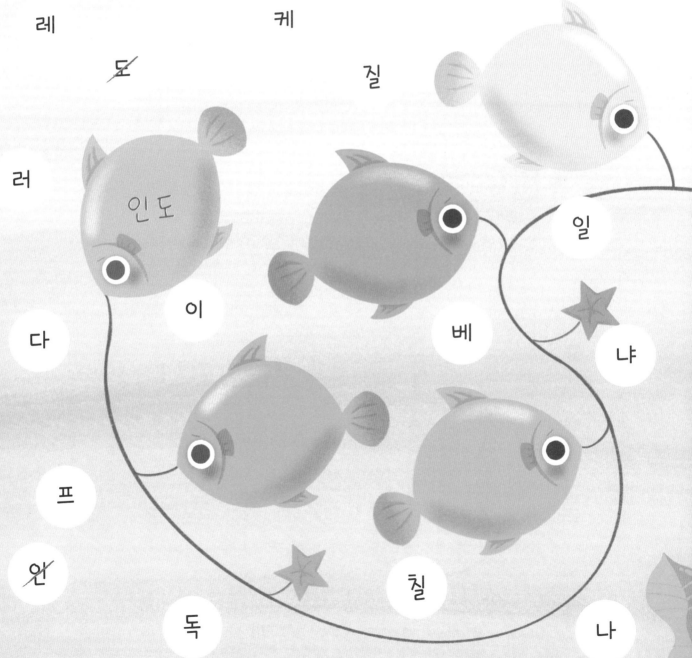

레   케
도   질
러   인도   일
다   이   베   냐
프   칠
완   독   나

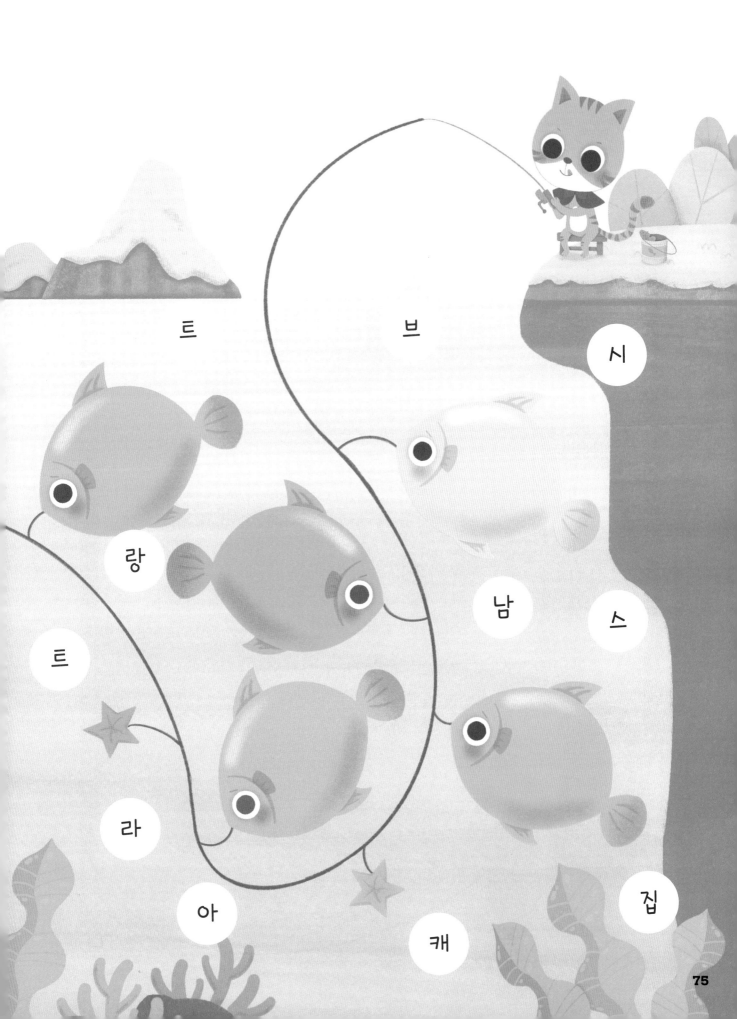

트

브

시

랑

트

남

스

라

아

캐

집

75

초롱초롱 내 눈아, 사랑해!

언어대장, 이 방을 통과하는 비밀 열쇠는 '칭찬의 말'이야.
오늘은 내가 넘어지지 않도록, 또 책을 볼 수 있도록 언제나 초롱초롱하게
나를 밝혀 주는 눈을 칭찬해 보자!

🦇 지금 창밖으로 내 눈에 보이는 풍경을 그림으로 그리고, 무엇이 있는지 종이 가득 써 보세요.

하얀 구름

점처럼 보이는 밤하늘의 별을 이어 그림으로 표현해 보세요. 어떤 모습이 나타났나요?

이 세상 모든 것은 점으로
연결되어 있다지만 내 눈에는
별로만 보인다냥!

★ 점을 이어 무엇을 표현했나요?

잠잘 때만 빼면 하루 종일 수고하는 내 눈으로 글자도 쓰고,
그림도 잘 그렸다면 이번 미션도 성공이야. **토닥토닥 마법카드**도 획득!!!

하얀 눈사람 이야기!

겨울에는 하얀 눈이 내린다지? 눈이 내리면 아이들은 그걸로 눈사람을
만든다던데, 눈 강아지, 눈 토끼, 눈 곰돌이를 만들면 어때? 아니면
동그란 눈사람 말고 세모나 다른 모양의 눈사람을 만드는 건 어떨까?
다양하게 눈 조각품을 만들어 보자!

🦇 눈을 뭉쳐 눈사람 이외에 멋진 눈 조각품을 만들고, 이름도 써 주세요.

눈 토실이

🔹 어떤 눈사람이 제일 마음에 들어?

_____

🔹 왜 그렇게 생각해?

_____

눈 애벌레

하얀 눈 고양이도
만들어 달라냥!

별난 눈사람이 여기 다 모였네! 언어대장과 함께 진짜 눈사람을 만들며
눈싸움도 하고 싶어졌어. 꼭 그런 날이 오기를 기대하며 이번 미션도 성공이야.
꼼질꼼질 마법카드 획득!!!

낱말 블록 쌓기

꽁냥이가 열심히 낱말 블록을 쌓고 있네. 뜻풀이가 적힌 쪽지와 낱말 블록을
같은 색으로 칠해 보자. 블록도 쌓고 낱말도 익히자.

규칙 쪽지와 낱말 블록의 색깔을 잘 맞출 것.

주의사항 만약 색깔이 틀린 게 3개 이상이면 쌓아 놓은 블록이 와르르 무너진다. **맙소사!**

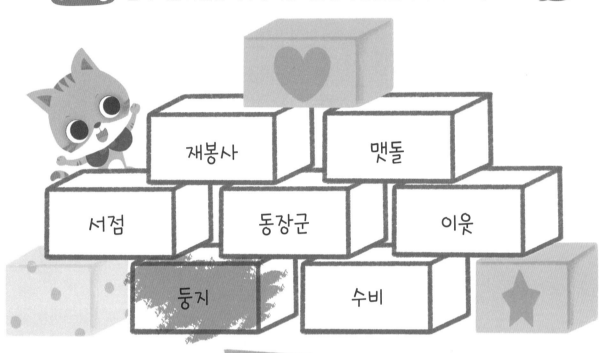

재봉사 맷돌

서점 동장군 이웃

둥지 수비

새가 알을
낳거나 새끼를
기르는 곳.

쌀 같은 곡식을
가루로 만드는
돌로 된 옛날 도구.

외부(바깥)의
침략이나 공격을
막아내어 지킴.

책을 많이 갖다
놓고 팔거나
사는 가게.

가까이 사는
집이나 사람.

옷을 만드는
일이 직업인
사람.

매우 추운 겨울
날씨를 무서운 장군
에 빗대어 말함.

맞춤법이 식은 죽 먹기

꽁냥이가 맞춤법은 이제 식은 죽 먹기라고 말했지만 아래 문장들을 보더니 고개를 갸우뚱거리네.
언어대장이 잘 보고, 맞는 낱말을 찾아 ○표 해주자. 자신 있지? 물론 좀 틀려도 괜찮아.
지금 배우면 되니까!

❶ 바람이 매섭게 불어 너무너무 ⟨추워요⟩ 추어요 .

❷ 게다가 온 세상은 하얗게 눈으로 더폈지요 덮였지요 .

❸ 하지만 나는 걱정할 필요가 전혀 없어요 업어요 .

❹ 엄마가 뜨개질 뜨게질 로 장갑을 떠 주셨거든요.

❺ 우리 엄마 솜시 솜씨 는 우주 최강이에요.

❻ 따뜻하게 따뜬하게 차려 입고 밖으로 나가요.

❼ 눈길을 뛰다가 엉덩방아를 찧었어요 찌었어요 .

❽ 친구들과 함깨 함께 커다란 눈사람도 만들었어요.

❾ 헤방 훼방 을 놓은 친구도 있지만 용서하기로 해요.

❿ 오늘 밤 꿈속에서는 "겨울왕국" 주인공들과 놀고 싶어요 시퍼요 .

그림으로 말하는 날씨의 행진

07 새록새록 생각나는 밤

언어대장, 요즘 꽁냥이가 아침마다 날씨를 물어보거든. 우리 꽁냥이를 위한 날씨판을 만들어 주자. 언어대장이 봄, 여름, 가을, 겨울 사계절의 날씨를 그림으로 표현해서 꽁냥이가 그림만 봐도 날씨를 알 수 있도록 날씨판을 만들어 줘.

🦇 아래 계절별 날씨판에 쓰인 날씨를 그림으로 그리고, 빈칸에는 각 계절에 맞는 날씨를 상상하여 그림과 글로 표현해 보세요.

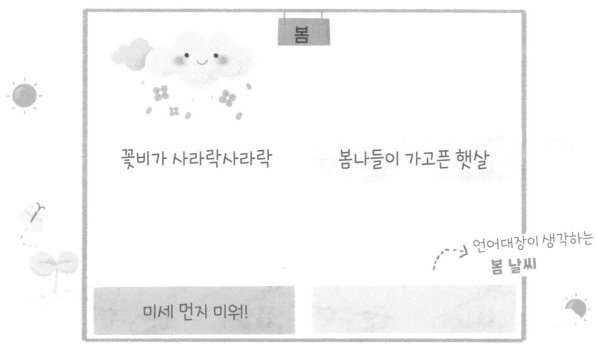

봄

꽃비가 사라락사라락

봄나들이 가고픈 햇살

미세 먼지 미워!

언어대장이 생각하는
봄 날씨

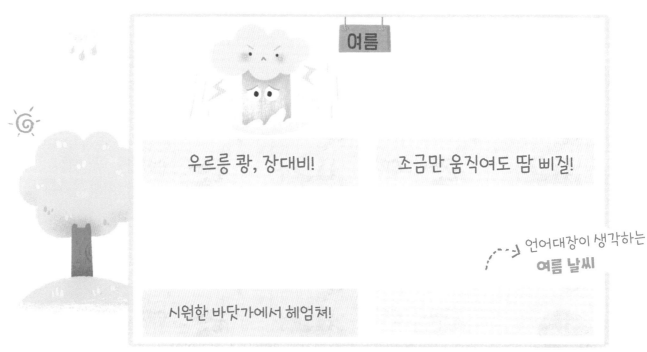

여름

우르릉 쾅, 장대비!

조금만 움직여도 땀 삐질!

시원한 바닷가에서 헤엄쳐!

언어대장이 생각하는
여름 날씨

82

🌸 내가 제일 좋아하는 계절과 날씨는?

_____

🌸 그 이유는?

_____

가을

바람 솔솔, 흰 구름 두둥실!

가을비가 추적추적

언어대장이 생각하는
가을 날씨

토실토실 알밤이 주렁주렁

겨울

함박눈 펑펑펑!

코끝이 쨍하게 춥다!

'따끈한 코코아가
그리운 날'은 그럼
어떤 날씨냥?

언어대장이 생각하는
겨울 날씨

쓸쓸한 겨울비가 오락가락

고마워! 이제 우리 꽁냥이가 그림만 봐도 날씨를 알 수 있게 되었네.
이번 미션은 언어대장의 활약으로 성공이야.
새록새록 마법카드 획득!!!

숨은 그림을 찾아라!

언어대장, 마녀 마을에는 숨겨진 보물이 정말 많아. 아래 그림을 보고 보물을 어서 찾아 보자!

🦇 큰 그림 속에 숨은 그림을 찾아 보세요.

84

숨겨진 보물을 찾느라 눈은 좀 피곤했지만 재밌게 잘 쉬었네.
게다가 보너스로 **쉬엄쉬엄 마법카드**도 획득!!!

놀이 징검다리 건너기

꽁냥이는 물을 아주 싫어해. 그런데 물과 친해지고, 한글 공부도 더 열심히 하라며 꽁꽁마녀가 징검다리가 놓인 개울 놀이터를 만들었지 뭐야? 언어대장이 맞춤법에 맞는 한 개의 돌에만 색칠해 줘. 그걸 따라서 꽁냥이가 개울을 잘 건널 수 있도록 말이야.

규칙

'놀이 이름'이 바르게 쓰인 돌만 색칠해서 징검다리를 만들 것.

주의사항

틀린 글자를 밟으면 꽁냥이가 물에 빠지며 그로 인한 스트레스로 성격이 포악해질 수 있다. **안 돼!**

윷놀이

윳놀이

펭이치기

팽이치기

숨박꼭질

숨바꼭질

소꿉놀이

소꼽놀이

그림자 밟기

그림자 밥기

비누방울

비눗방울

주사이

주사위

눈싸음

눈싸움

바람게비

바람개비

블록 쌋기

블록 쌓기

두 개가 하나로?

언어대장, 지우개를 자꾸 잃어버리는 것 때문에 연필 끝에 지우개를 붙여 지우개 연필을
만들었대. 바퀴 달린 운동화, 물걸레 달린 청소기처럼 두세 가지 물건을 합해 만든
발명품은 우리 생활을 더 편리하게 해 주는 것 같아!
이번에는 언어대장이 발명해 보는 거야! 어때, 재밌겠지?

 물건을 합쳐서 더 편리해지는 것에는 무엇이 있는지 생각하여
그림을 그리고 설명해 보세요.

지우개를 붙인 연필
(지우개+연필)

🌟 어떤 것들을 합쳤어?

🌟 이름은 뭐라고 지었어?

🌟 가장 큰 장점은 뭐야?

🌟 누구에게 필요한 발명품일까?

✏ 이번에는 탈것 두 가지를 합쳐 새로운 탈것을 만들어 보세요.

땅 위를 달리며 나는 비행기
(커다란 바퀴+비행기)

❀ 어떤 것들을 합쳤어?

❀ 이름은 뭐라고 지었어?

❀ 가장 큰 장점은 뭐야?

❀ 누구에게 필요한 발명품일까?

난 털도 부드럽게 빗질해 주고,
발톱도 동시에 다듬어 주는 발명
품이 만들어지길 바란다냥!

언어대장이 만든 발명품을 보니, 이 다음에 훌륭한 발명가가 되겠는걸!
이번 미션도 당연히 성공이야. **반짝반짝 마법카드** 획득!!!

바라는 대로, 원하는 대로!

옛날부터 전해 내려오는 말풀이 중에 '달풀이'라고 있어. 달풀이는 1월부터 12월까지의 특징을 담아 놓았지. 언어대장이 달풀이를 새롭게 만들어서 노래해 줘.

🦇 달풀이를 리듬 있게 읽어 보세요. 그리고 '하고 싶은 것과 먹고 싶은 것이 있는 열두 달'이라는 주제로 가사를 바꿔서 노래해 보세요.

> 십이월에는 얼음낚시를 하고, 빙어를 먹는 달로 바꿔달라냥!

정월이라 초하룻날 혼떡 범떡 먹는 날   일월에는 _____

이월이라 한식날 한식 먹는 날   이월에는 _____

삼월이라 삼짇날 제비 오는 날   삼월에는 _____

사월이라 초파일날 머리 깎고 활동하는 날   사월에는 _____

오월이라 단옷날 머리 빗고 그네 뛰는 날   오월에는 _____

유월이란 보름달 유두 먹는 날   유월에는 _____

칠월이라 칠석날 칠석 먹는 날 → 칠월에는 _____

팔월이라 보름달 신곡 차례 지내는 날   팔월에는 _____

구월이라 구일 날 구일 먹는 날   구월에는 _____

시월이라 보름달 시제 먹는 날   시월에는 _____

동짓달이라 동짓날 팥죽 먹는 날   십일월에는 _____

섣달이라 그믐날 호박범벅 먹는 날   십이월에는 _____

다음은 '겨울 소리'라는 동시입니다. 찬바람이 불고, 하얀 눈이 내리는 겨울에는 과연 어떤 소리가 날까 생각하며 쓴 것이지요. 이 동시를 봄이나 여름, 가을로 바꾸어 써 보세요.

〈 겨울 소리 〉

쌩쌩, 바람이 부는 소리

꽁꽁꽁, 그 바람에 손이 빨갛게 어는 소리

소복소복, 하얀 눈이 쌓이는 소리

뽀드득뽀드득, 그 눈을 처음 밟는 발자국 소리

〈_____ 소리〉

내가 쓴 달풀이처럼 열두 달이 채워진다면 정말 좋겠지?

이번 미션도 성공이야. **신통방통 마법카드** 획득!!!

눈사람 십자말풀이

꽁냥이가 끙끙거리며 십자말풀이를 하고 있네. '십자말풀이'는 바둑판 같은 바탕에
가로와 세로에 있는 문제의 답을 쓰는 낱말 퀴즈야. 답을 다 쓰면 '눈사람'을 외쳐야 해.

규칙   가로, 세로 각각 4개의 답을 모두 쓴 후 '눈사람'을 외칠 것.

주의사항   만약 '눈사람'을 외치지 못하면 1시간 동안 말을 할 수 없게 된다. **답답해!**

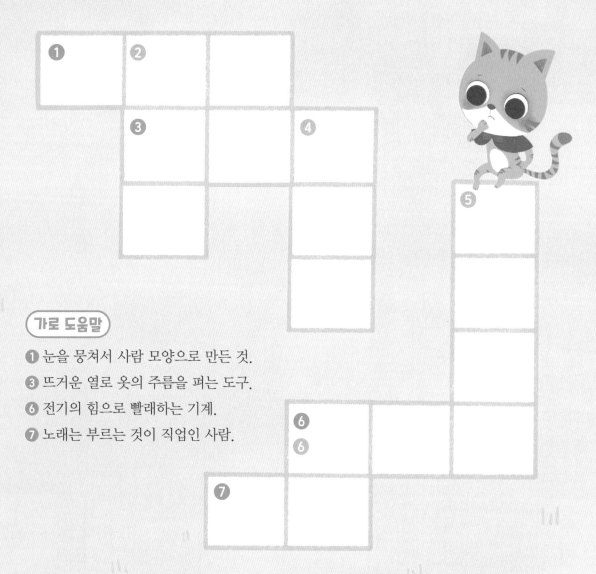

가로 도움말

❶ 눈을 뭉쳐서 사람 모양으로 만든 것.

❸ 뜨거운 열로 옷의 주름을 펴는 도구.

❻ 전기의 힘으로 빨래하는 기계.

❼ 노래는 부르는 것이 직업인 사람.

세로 도움말

❷ 높은 곳을 올라갈 때 발을 디딜 수 있도록 만든 기구.

❹ 그림이나 조각 등 미술품을 전시하는 시설.

❺ 바람을 이용하여 연을 하늘 높이 띄우는 놀이.

❻ 손이나 얼굴을 씻음.

신체 표현 퀴즈를 풀어라!

꽁냥이의 실타래가 엉켜 버렸네. 하지만 내용에 맞게 잘 연결해 주면 금방 풀린대.
더 심하게 엉키기 전에 얼른 풀어 주자!

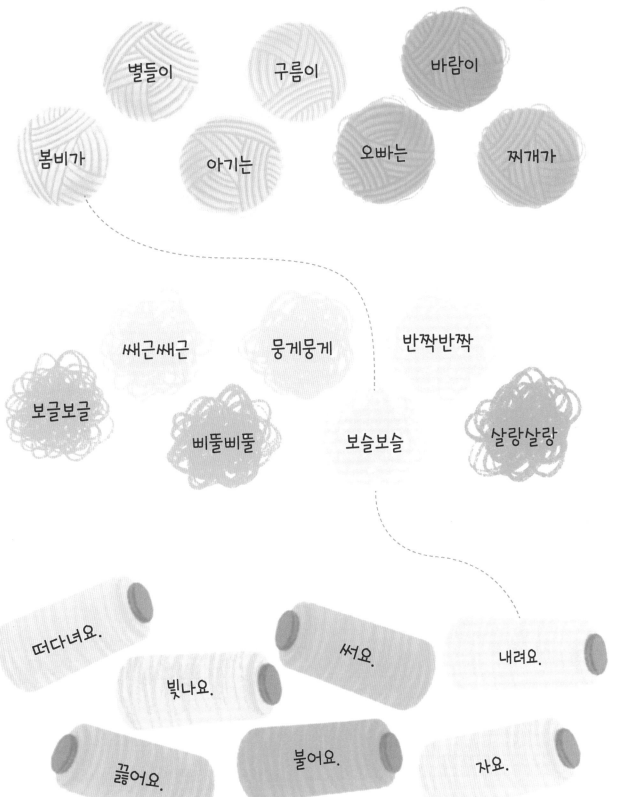

별들이

구름이

바람이

봄비가

아기는

오빠는

찌개가

쌔근쌔근

뭉게뭉게

반짝반짝

보글보글

삐뚤삐뚤

보슬보슬

살랑살랑

떠다녀요.

빛나요.

써요.

내려요.

끓어요.

불어요.

자요.

만델라에게 물어보자!

난 위인들의 이야기 읽는 것을 아주 좋아해. 그 중에서도
넬슨 만델라 대통령의 이야기는 정말 감동적이야. 같이 읽어 볼까?

🦇 언어대장이 넬슨 만델라 대통령을 직접 만나 궁금한 걸 물어본다면 뭐라고 대답해 주셨을까
　생각하고 써 보세요.

　'넬슨 롤리흘라흘라 만델라'

　세계 최초의 흑인 대통령인 넬슨 만델라의 정식 이름이에요. 가운데 이름 '롤리흘
라흘라'는 개구쟁이를 뜻하는 아프리카 말로 만델라는 족장님의 아들이었어요. 어렸
을 때는 이름처럼 아주 말썽꾸러기였지만 변호사가 되기 위해 열심히 공부했어요.
꿈에 그리던 변호사가 되었지만 아프리카에서는 피부색이 검은 흑인이라는 이유만
으로 억울한 일이 많았지요. 만델라는 흑인들도 차별받지 않고 살 수 있는 나라를 만
들기 위해 노력했어요. 하지만 오히려 나라를 위험에 빠뜨린다고 하여 감옥에 갇히
고 말았지요. 그것도 자그마치 27년 동안이나요. 하지만 감옥에서도 만델라는 조금
도 약해지지 않았어요. 27년 만에 감옥에서 풀려난 만델라의 나이는 71세였어요. 감
옥에서 나온 만델라는 흑인과 백인으로 나뉘었던 나라를 모두가 평등하고 행복한 나
라로 만들기 위해 노력한 인정을 받아 '노벨평화상'도 받고, 대통령도 되었답니다.

⭐ 만델라 대통령님, 27년이나 감옥에 갇혔는데 힘들지 않았나요?

⭐ 만델라 대통령님, 노벨평화상을 받았을 때 기분이 어땠나요?

⭐ 만델라 대통령님, '대통령'이라는 직업의 매력은 무엇인가요?

✔ 넬슨 만델라처럼 대통령이 된 내 모습을 그려 보세요.

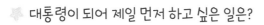 대통령이 되어 제일 먼저 하고 싶은 일은?

 27년을 감옥에 있었는데도 대통령이 되셨다니 정말 어마어마한 분이시다냥.

🌸 대통령이 되기 위해서는 지금부터 어떤 노력을 해야 할까?

대통령이라는 직업도 아주 멋지지! 국민에게 사랑을 받는 훌륭한 대통령도
될 수 있는 언어대장을 응원하면서 이번 방도 통과! **무럭무럭 마법카드** 획득!!!

얘들아, 왜들 이러니?

언어대장, 큰일났어! 지난번에 발마다 다른 신발을 신고 만족해서 돌아간 지네가 동물 마을에 소문을 냈대. 수리수리성에 오면 모든 고민을 다 해결해 준다고 말이야. 그래서 지금 우울해 보이는 동물들이 줄을 서 있으니 어서 만나 보자!

아래 동물들의 이야기를 듣고, 해결 방법을 써 주세요.

다른 돼지들은 모두 뚱뚱하지만 난 뚱뚱한 게 싫어! 날씬해지고 싶다고!!

다른 토끼들은 빨리 뛰지만 난 천천히 구경하면서 걷는 게 좋아. 난 뛰는 게 싫어!!

⭐ 해결 방법은?

_____

_____

⭐ 해결 방법은?

_____

_____

_____

모두들 기분이 좋아지라고 장미꽃을 한 송이씩 주는 건 어떨까냥?

다른 코알라들은 잠을 많이 자지만 난 노는 게 좋아. 잠자는 게 싫다고!!

다른 독수리들은 모두 고기만 좋아하지만 난 과일이 좋아. 고기 먹는 게 싫다고!!

✿ 해결 방법은?

_____

_____

_____

✿ 해결 방법은?

_____

_____

걱정거리를 안고 온 동물들이 모두 집으로 돌아갔네. 멋지게 해결했으니
이번 미션도 성공이야. **키득키득 마법카드**도 획득!!!

지혜의 중요성 속담 퍼즐

꽁냥이가 갸우뚱거리며 속담 퍼즐을 맞추고 있네. 속담의 뜻을 생각하며
퍼즐을 맞춰 연결한 후 바르게 써 보자.

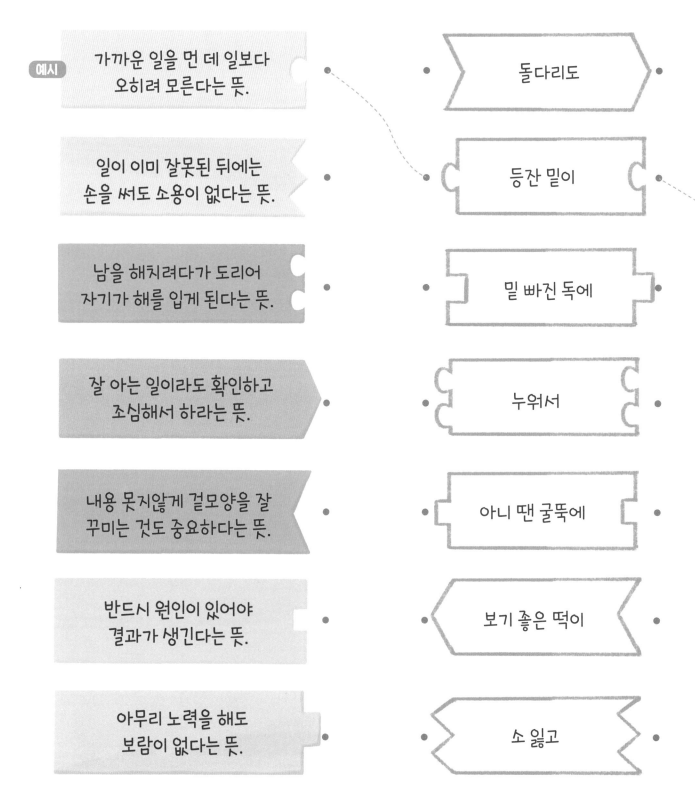

예시 가까운 일을 먼 데 일보다
오히려 모른다는 뜻.

일이 이미 잘못된 뒤에는
손을 써도 소용이 없다는 뜻.

남을 해치려다가 도리어
자기가 해를 입게 된다는 뜻.

잘 아는 일이라도 확인하고
조심해서 하라는 뜻.

내용 못지않게 겉모양을 잘
꾸미는 것도 중요하다는 뜻.

반드시 원인이 있어야
결과가 생긴다는 뜻.

아무리 노력을 해도
보람이 없다는 뜻.

돌다리도

등잔 밑이

밑 빠진 독에

누워서

아니 땐 굴뚝에

보기 좋은 떡이

소 잃고

규칙 왼쪽, 오른쪽 퍼즐 모양을 잘 맞출 것.

주의사항 마지막 칸에 속담을 바르게 쓰지 않으면 퍼즐이 다시 흩어진다. 아이쿠!

✤ 속담 바르게 써 보기 ✤

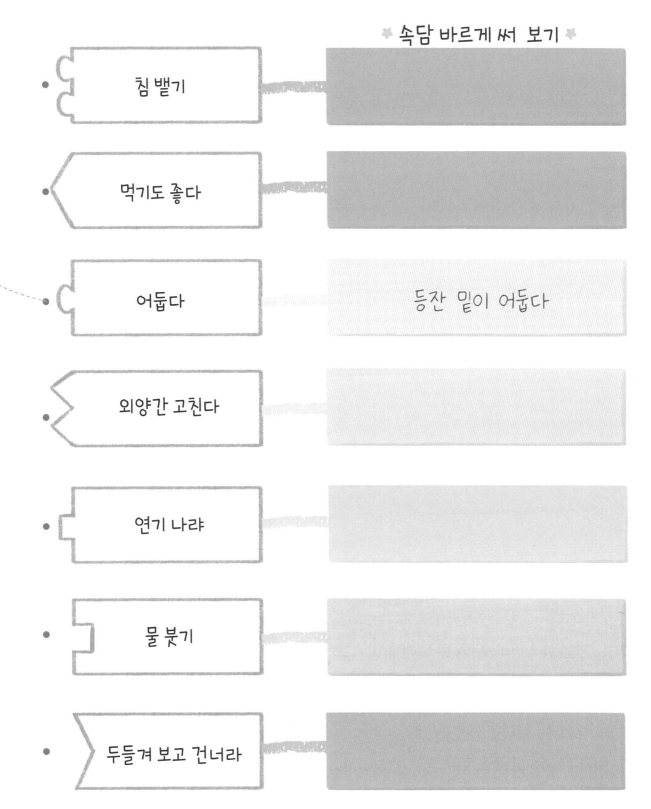

침 뱉기

먹기도 좋다

어둡다

등잔 밑이 어둡다

외양간 고친다

연기 나랴

물 붓기

두들겨 보고 건너라

내가 산타라면? 제발!

13
도란도란 이야기 밤

언어대장, 인간 세상에는 겨울에 '크리스마스'라는 날이 있어서 그 전날 깊은 밤이면 수염이 하얗고 빨간 옷을 입은 산타 할아버지가 나타나 아이들에게 선물을 주신다며? 착한 행동을 한 어린이만 선물을 받는다던데 언어대장은 올해 산타 할아버지에게 선물을 받을 수 있겠지?

산타 할아버지께 내가 선물 받을 자격이 충분히 있다는 사실을 세 가지 적고,
간절하게 편지를 써 보세요.

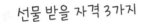
선물 받을 자격 3가지

산타 할아버지에게 어떤 선물을 받고 싶나요? 받고 싶은 선물을 보따리 안에 그려 보세요.

산타 할아버지, 수리수리성에 사는 착한 꽁냥이도 꼭! 기억하시고 선물 주세용!

아마도 모르는 게 없는 산타 할아버지시니까 언어대장의 착한 일을 다 기억하고, 선물을 주러 오실 거야! 그럼 이번 미션도 성공이야.
도란도란 마법카드 획득!!!

다섯 고개를 넘어가 볼까요?

언어대장, 우리 이 방에서 4가지 방법으로 '다섯 고개 놀이'를 해 보자! 먼저 질문하는 사람과 대답하는 사람을 정하자. 대답하는 사람이 정답을 마음속으로 정하면, 질문하는 사람이 다섯 번 물어보고 그에 대한 답을 들으면서 문제의 정답을 맞히는 놀이야.

🦇 아래 질문과 대답을 보고 생각나는 것을 적어 보세요.

고개	질문	대답	생각나는 것
	식물인가요?	아니요, 동물입니다.	사자, _____
	날아다니나요?	아니요, 잘 날지 못합니다.	호랑이, _____
	헤엄을 치나요?	예, 헤엄을 칩니다.	고래, _____
	바다에 사나요?	예, 추운 바다에 삽니다.	바다표범, _____
	별명이 '남극의 신사'인가요?	예, 맞습니다.	
	정답은 _____ 입니다.	예, 맞습니다.	

🦇 아래 질문과 대답을 보고 정답을 써 보세요.

고개	질문	대답
	살아 있나요?	아니요, 생물이 아닙니다.
	움직이려면 전기가 필요한가요?	아니요, 필요하지 않습니다.
	여름에 쓰는 물건인가요?	아니요, 겨울에 쓰는 물건입니다.
	팔로 흔드는 물건인가요?	예, 팔로 흔드는 물건입니다.
	눈에서 쓰는 기구인가요?	예, 눈이나 얼음판에서 쓰는 기구입니다.
	정답은 _____ 입니다.	예, 맞습니다.

'눈사람'를 정답으로 정하고, 질문에 대한 답을 적어 보세요.

고개	질문	대답
	동물인가요?	아니요, _____ 입니다.
	살아 있나요?	_____
	겨울에만 볼 수 있나요?	_____
	하얀색 인가요?	_____
	이름이 세 글자인가요?	_____
	정답은 '눈사람'입니다.	예, 맞습니다.

이번에는 대답을 듣고, 적절한 질문을 적어 보세요. 그리고 질문과 대답을 보고 정답을 적어 보세요.

고개	질문	대답
	식물인가요?	아니요, 동물입니다.
	_____	예, 다리가 네 개입니다.
	_____	아니요, 겨울잠을 자지 않습니다.
	_____	아니요, 뿔이 있습니다.
	_____	예, 산타 할아버지의 썰매를 끕니다.
	정답은 _____ 입니다.	예, 맞습니다.

다섯 고개 놀이는 답을 찾아가는 과정이 정말 흥미로워!
이번 미션도 성공이야. 알쏭달쏭 마법카드 획득!!!

103

꽁냥이가 쓴 편지야. 그런데 맞춤법과 존댓말을 많이 틀렸네.
그냥 보내면 창피하니까 언어대장이 틀린 부분을 고쳐 주자!

사랑하는 할머니 마녀님에게
　　　　(　　　　)

안녕하셨어요? 나 꽁냥이에요.
　　　　(　　　　　)

제가 고양이인데도 밤이 무섭어서 울고 있으면 토닥토닥 두드려 주셨지요?
　　　　(　　　　　　)

그럴 때면 밤하늘의 별을 함께 보면서 재미난 옌날 이야기도 들려 주셨지요.
　　　　　　　　　　(　　　　)

힘이 센 호랑이가 나오는 이야기, 영리하지만 좀 알미운 여우 이야기.
　　　　　　　　　　(　　　　　)

저는 모두 다 기역하고 있어요.
　　　　(　　　　　　)

제가 하품을 하자 따뜻하게 우유를 데워주신 것도,
　　　　(　　　　　)

자고 있을 때 제 털을 어루만저 주신 것도 모두 다요.
　　　　(　　　　　)

할머니가 저를 사랑하고 계신다는 걸 느껴요.
　(　　　)　　　(　　　　　)

저도 물론 할머니를 하늘만끔 땅만끔 사랑해요!!
　　　　(　　　　　　)

　　　　　　　　　　　　　-할머니의 고양이 손녀 꽁냥이 보냄-
　　　　　　　　　　　　　　　　(　　　　)

문장 만들기가 식은 죽 먹기

꽁냥이가 '쓰기 놀이터'는 자기만 글씨를 많이 써서 팔이 아프다며 투덜거리네. 꽁냥이가 쓴
문장을 보고 언어대장은 더 멋지게 문장을 완성하는 거야. 문장 만들기는 정말 식은 죽 먹기!

보기 | 신나는 | 신나는 만화 영화를 봤더니 기분이 좋아졌다.

맛있는

조그만

이상한

씩씩한

놀라운

향기로운

하얀 눈사람과 놀고 싶어요!

언어대장, 드디어 마지막 방에 도착했구나! 지금부터 너희 세상에 '겨울'이 왜 꼭 필요한지 나를 설득해 보렴!

🦇 '겨울' 하면 떠오르는 것을 자유롭게 적어 보세요.

크리스마스

설

행사

방학

날씨

겨울

폭설

놀이

왜 겨울이 필요할까?

눈싸움

겨울이 이렇게 재미난 계절이라는 것을 몰랐다냥. 겨울 요정님, 영원히 우리와 함께 살자냥!

🦇 '겨울'을 주제로 동시를 짓고, 어울리는 그림도 멋지게 그려 보세요.

겨울은 정말 재미난 계절이야! 네가 지은 동시도 마음에 들고.
두근두근 마법카드까지 획득!!!

겨울 요정을 인간 세상으로 보내요!

축하한다, 언어대장! 이제 열다섯 장의 마법카드를 모았으니, '열려라, 뚝딱 열쇠'를 얻을 수 있어. 이제 겨울 요정을 풀어 줄게! 드디어 사계절의 요정이 모두 인간 세상으로 돌아갔네!

🦇 미션을 마친 기분과 겨울 요정에게 하고 싶은 말을 적어 주세요.

겨울 요정님, 가지 마세요.
얼음 낚시하면서
우리랑 함께 살자냥.

겨울 요정은 수고한 언어대장에게 어떤 이야기를 해 주었을까요? 자유롭게 적어 보세요.

'깜짝이야 망원경'으로 세상 보기

내일이면 이제 가족들이 기다리는 집으로 돌아갈 거야. 수리수리성에서의 마지막 밤 언어대장은 꽁꽁마녀가 깊이 잠든 틈을 타서 옥상으로 올라왔어. 그러고는 무엇을 볼까 잠시 생각한 뒤, "깜짝이야 망원경아! 나를 가장 걱정하고, 보고 싶어 하는 사람들을 보여 줘!"라고 속삭였지. 망원경을 들여다보던 언어대장은 고개를 끄덕였어. 과연 언어대장의 눈에는 누가 보였을까 상상하며 그려 보자!

언어대장, 그리운 집으로 돌아오다!

집에 돌아와서 그동안 먹고 싶었던 음식도 잔뜩 먹고, 정말 많은 사람들에게 축하를 받았다.

 내가 언어대장으로서 임무를 마치고 와서 달라진 점은 뭐가 있을까?

 새롭게 알게 된 사실도 써 보자!

바쁜 나날들이 지나자 꽁꽁마녀와 꽁냥이가 가끔 보고 싶기도 했다.
여기서는 꽁꽁마녀와 꽁냥이에게 편지를 써 보자.

가을 요정을 구하라!

1번째 방

지도TIP 주제에 맞게 그림을 그리고, 글을 써 보는 활동도 중요하지만, 건강한 음식 재료에 대해 이야기해 보는 것도 좋습니다. 특히 편식이 심한 아이들이 많으므로 시장에 갔을 때 건강한 식재료를 찾아보고, 자기가 고른 재료로 함께 요리하는 시간도 마련한다면 금상첨화겠지요?

2번째 방

지도TIP 끝 글자 잇기는 "리, 리, 리 자로 끝나는 말은"과 같은 동요를 부르면 쉽게 이해할 수 있습니다. 처음에는 노래로 연습해 보세요. 음률을 타면서 끝까지 해야 하므로 최소한 다섯 개 낱말을 생각하게 됩니다. 이처럼 노래를 흥얼거리는 것만으로도 훌륭한 국어 공부가 됩니다. 생각날 때마다 자주 놀이해 보세요.

★ 코끼'리' → 오리 → 유리 → 꼬리 → 머리 → 허리 →
다리 → 요리 → 파리 → 가오리 → 개나리 → 미나리
→ 보따리 → 항아리 → 해파리 → 너구리 → 병아리
→ 독수리 …

콩냥이의 마술 놀이터 1
● **명절:** 설날, 정월 대보름, 단오, 추석, 동지
● **국경일:** 삼일절, 제헌절, 광복절, 개천절, 한글날

콩냥이의 마술 놀이터 2
● 친구-동무 / 동생-아우 / 낱말-단어 / 서점-책방
마을-동네 / 야채-채소 / 보석-보물 / 주방-부엌
대궐-궁전 / 어린이-아이

3번째 방

지도TIP 아이들의 창의성을 키우는 활동 중에 '유창성'을 키우는 활동입니다. 여러 가지 관점이나 해결안을 빠르게 많이 떠올리는 능력을 키우는 것으로, 정답을 정해 놓지 않은 상태에서 많은 생각을 도출해 낼 수 있도록 합니다. 다양한 기능을 떠올리게 하거나, 다양한 디자인으로 생각해 보도록 지도해 주세요.

4번째 방

지도TIP '주고받는 말놀이'의 가장 기본은 숫자로 이어지는 형태입니다. 사물의 특징을 보고 그것을 수와 연결하는 것입니다. 수에 맞춰 사물의 특징을 찾기는 쉽지 않으니, 처음에는 눈앞에 보이는 사물을 관찰하면서 시작하세요. 또 이 놀이는 색깔이나 모양 등 다른 주제로도 얼마든지 변형할 수 있습니다.

콩냥이의 낚시 놀이터
● **악기 이름:** 피아노, 바이올린, 첼로, 하프, 탬버린,
가야금, 거문고, 꽹과리, 장구, 피리

5번째 방

지도TIP 발은 우리 몸을 지탱해 주는 것은 물론 이동할 때 도움을 주는 등 많은 역할을 묵묵히 해내고 있지만 고마움을 잘 잊게 되는 부위입니다. 자신의 발과 다른 사람의 발을 대보고 닮은 점과 다른 점에 대해 비교해서 이야기도 나눠 보세요.

6번째 방

지도TIP 아이들과 함께 하늘을 관찰하면서 구름 모양에 대해 이야기 나눈 후 그림으로 표현하도록 지도해 주세요. "동화책『구름빵』에서 나온 구름처럼 오늘 구름은 빵 모양을 닮았네?"와 같은 다양한 이야기로 아이들 생각의 폭을 넓혀 주세요.

꽁냥이의 블록 놀이터 1

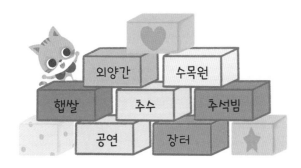

외양간 / 수목원 / 햅쌀 / 추수 / 추석빔 / 공연 / 장터

꽁냥이의 블록 놀이터 2

① 높고 ② 단풍잎 ③ 꺾었지요 ④ 떨었어요
⑤ 뱉었지요 ⑥ 곶감 ⑦ 줍느라 ⑧ 산꼭대기
⑨ 외쳤지요 ⑩ 메아리

7번째 방

지도TIP 형태가 단순하고 크기가 작은 그림 여러 개를 그리는 활동은 빠르게 진행하는 것이 더 효과적입니다. 즉 시간 제한을 두어 정해진 시간 안에 끝마치도록 하면 아이들이 긴장감을 느끼므로 재밌고 색다른 경험이 될 것입니다.

★ ㅏ : 가마, 나비, 사자, 하마 등
★ ㅑ : 야자수, 야구공, 샤프심 등
★ ㅓ : 어항, 거미, 머리, 버스, 터널 등

★ ㅕ : 여자, 영화, 겨드랑이, 혀, 형 등
★ ㅗ : 오리, 고슴도치, 노루, 로봇, 모자 등
★ ㅛ : 요리, 교실, 묘비, 쇼핑, 효자 등
★ ㅜ : 우유, 구두, 두더지, 부엌, 수건 등
★ ㅠ : 유리, 유치원, 슈퍼마켓, 튜브, 휴지통 등
★ ㅡ : 음식, 그네, 느티나무, 스케이트, 크레파스 등
★ ㅣ : 이리, 기차, 리본, 미역, 시소 등

8번째 방

지도TIP '미로 찾기'는 누구나 쉽고 간단하게 즐길 수 있으면서도 집중력과 관찰력을 키워 줍니다. 먼저 손가락으로 짚어가며 미로를 빠져나온 후 연필로 진행하면 좋습니다.

꽁냥이의 개울 놀이터

머리카락 → 어깨→ 넓적다리 → 겨드랑이 → 팔꿈치 → 옆구리 → 무릎 → 발가락 → 배꼽 → 뒤꿈치

9번째 방

지도TIP 새로운 아이디어를 전개하려면 상상적 단계와 실용적 단계가 필요합니다. 상상적 단계에서는 아이들이 마음껏 상상할 수 있도록, 지도하는 사람들은 유연하게 대응하는 것이 필요합니다. 이때는 비판하지 말고 상상한 것을 시각화할 수 있는 기회를 많이 주세요. 아이들에게 다양한 자극이 될 것입니다.

10번째 방

지도TIP 전래동화, 전래동요는 우리나라만의 정서와 문화가 담겨 있습니다. '잘잘잘'의 경우만 해도 지금과는 생활상이 많이 다르지요. 그래서 사용하는 어휘도 좀 다릅니다. 모르는 단어 뜻은 함께 찾아보며 예전 우리 어른들이 살았던 모습에 관해 이야기 나누는 시간을 갖는 것도 훌륭한 활동이 된답니다.

꽁냥이의 **퀴즈 놀이터 1**

무	지	개		방	귀
궁					뚜
화	장	실			라
	화		보		미
			름		
		달	팽	이	

꽁냥이의 **퀴즈 놀이터 2**

11번째 방

지도TIP 위인들이 뭐라고 말해 줄지 아이들이 그 이야기를 상상해서 쓰는 것이 쉬운 일은 아니지만, 아이들도 어느 정도는 예상하고 있습니다. 하지만 아이들이 계속 엉뚱한 말을 할 때는 어린이용 위인전을 읽거나 인터넷에서 자료를 찾아본 뒤 본 활동을 이어나가는 것이 좋겠습니다.

12번째 방

지도TIP 듣지도 보지도 못했던 장면을 떠올리며 연상 능력을 키우고, 그것을 그리며 표현력을 키우며, 엉뚱한 질문을 주고받으며 상상력을 키우는 활동은 아이들의 두뇌를 말랑말랑하게 해 줍니다. 정답이 없는 활동이므로, 마음껏 그리고 이야기하며 글로 써 보도록 해 주세요.

꽁냥이의 **퍼즐 놀이터 1**

🐾 어려운 일을 겪고 난 뒤에는 반드시 좋은 일이 생긴다는 뜻. → 고생 끝에 → 낙이 온다

🐾 정성을 다한 일은 반드시 좋은 결과를 얻는다는 뜻. → 공든 탑이 → 무너지랴

● 여러 번 계속해서 애쓰면 어떤 일도 이룰 수 있다는 뜻. → 열 번 찍어 → 안 넘어가는 나무 없다

● 어떤 일이든지 처음부터 단번에 만족할 수 없다는 뜻. → 첫술에 → 배부르랴

● 무슨 일이든 그 일의 시작이 중요하다는 뜻. → 천 리 길도 → 한 걸음부터

● 부지런히 노력하는 사람은 계속 발전한다는 뜻. → 구르는 돌에는 → 이끼가 끼지 않는다

● 작은 것이라도 모이고 모이면 나중에 큰 것이 된다는 뜻. → 티끌 모아 → 태산

13번째 방

지도TIP 한복 꾸미는 활동을 하면서 추석에 왜 음식이 더 풍성한지('추수'라는 개념), 예로부터 전해 내려오는 민속놀이에는 어떤 것이 있는지도 함께 알아보면 좋습니다. 또, 한 달 동안 달의 모양이 '초승달 → 반달(상현달) → 보름달 → 반달(하현달) → 그믐달'의 형태로 바뀌는 것을 알아봅니다. 이때 과학책을 찾아 읽는 활동을 하면, 모르는 것은 책에서 찾아볼 수 있다는 것을 알게 됩니다.

14번째 방

지도TIP 초성 퀴즈는 한글을 이용한 말놀이로 자음이 나열된 것을 보면 알쏭달쏭하면서도 쉽게 맞출 수 있을 것 같아 도전 정신을 불러일으킵니다. 두뇌에 저장된 낱말을 조건에 맞게 끄집어내는 활동은 사고력과 기억력, 집중력까지 향상시킵니다. 평소에도 주제를 가지고 자주 해 보시면 좋겠습니다.

★**초성 퀴즈:** 고추잠자리, 메뚜기, 사마귀, 여치, 귀뚜라미, 비사치기(= 비석치기), 강강술래, 줄다리기, 투호, 씨름

★**수수께끼:** 낙타, 꾀꼬리, 고슴도치, 달팽이, 고래, 게, 눈 깜짝할 새, 삐약

꽁냥이의 쓰기 놀이터

양때구름 → **양떼구름** · 실타 → **싫다**
외냐하면 → **왜냐하면** · 떼문이다 → **때문이다**
안는다 → **않는다** · 발고 → **밟고**
떼 → **때** · 발돕이 → **발톱이**
색똥 → **색동** · 너머지지 → **넘어지지**
업는 → **없는** · 업이 → **없이**

15번째 방

지도TIP '마인드 맵'으로 가을에 대해 생각했던 것들을 최대한 많이 넣고 정리할 수 있도록 도와주세요. 또 주제에 맞는 낱말을 사용한 동시도 좋지만 아이들이 선뜻 시작하지 못한다면, 그냥 자신의 감정이나 느낌을 나열할 수 있도록 도와주세요. 이것만으로도 훌륭한 동시가 되니 무조건적인 칭찬이 아닌 아이들의 심리와 언어가 밖으로 표출될 수 있도록 살짝 건드려 주는 정도의 도움을 주시면 좋겠습니다.

겨울 요정을 구하라!

1번째 방

지도TIP 좋아하는 사람과 음식을 먹은 따뜻한 기억을 떠올리며 쓰거나 책이나 영상에서 본 장면을 그리고 적어 보도록 합니다. '요리 활동'은 과학적 원리를 쉽게 이해하게 하며 편식을 예방하는 차원에서도 훌륭한 활동입니다. 우리 아이들과 음식을 함께 만들고 먹는 행복한 추억을 많이 만드시기 바랍니다.

2번째 방

지도TIP '말허리 잇기'는 기본이 세 글자로 된 낱말을 연결해야 하므로 결코 쉽지 않습니다. 그러니 아이들이 막힐 때는 살짝 힌트를 주세요. 이 활동 역시 맞춤법에 크게 신경 쓰지 말고 진행하세요.

★ 수'선'화 → 선생님 → 생물학 → 물고기 → 고등어 →

등갈비 → 갈비뼈 → 비행기 → 행당동 → 당나귀 →

나리꽃 → 이용권 → 용가리 → 가리비 → 리어카 →

어머니 → …

꽁냥이의 마술 놀이터 1
🐾 **겨울잠을 자는 동물:** 다람쥐, 개구리, 너구리, 뱀, 곰
🐾 **겨울잠을 자지 않는 동물:** 청솔모, 토끼, 여우, 사슴,
호랑이

꽁냥이의 마술 놀이터 2
🐾 위-아래 / 앞-뒤 / 왼쪽-오른쪽 / 크다-작다

길다-짧다 / 넓다-좁다 / 열다-닫다 / 높다-낮다

앉다-서다 / 깨끗하다-더럽다

3번째 방

지도TIP 예전에는 '애완동물'이라고 했으나 지금은 '더불어 살아가는 동물'이라는 의미로 '반려동물(伴侶動物)'이라고 부릅니다. 반려동물을 키우는 것은 아이들에게 안정감을 주고 정서 함양에도 좋지만, 꼭 필요한 것은 '책임감'임을 알려주세요. 반려동물에 대한 사랑을 아이들이 자유롭게 표현할 수 있도록 지도해 주세요.

4번째 방

지도TIP '말 덧붙이기 놀이'는 혼자서 글로 쓰는 것보다 상대와 함께 이야기를 나누듯 하면 훨씬 더 재미있습니다. 이 놀이를 하려면 먼저 주제에 맞는 낱말을 많이 알아야 하고, 앞 사람이 말한 것을 잘 기억할 수 있어야 합니다. 기억력과 연상 능력을 향상시켜 주는 말 덧붙이기 놀이를 아이들과 정답게 자주 해 보세요.

꽁냥이의 낚시 놀이터
나라 이름: 인도, 베트남, 캐나다, 브라질, 칠레, 케냐, 프랑스, 독일, 러시아, 이집트

5번째 방

지도TIP 평소에는 크게 관심을 두지 않았던 것들을 찾아내서 그림으로 그린다면 더 좋겠지요. 그림으로 그리기 어려운 것은 글로 써도 됩니다. 점을 이용한 그림은 직선뿐 아니라 곡선으로 연결하여 그려도 좋고, 찍혀 있는 점이 적다면 얼마든지 더 찍어서 그림으로 표현하도록 합니다.

6번째 방

지도TIP 아이들이 재밌고 신나게 표현하도록 해 주세요. 왜 네모난 눈사람과 세모난 눈사람은 만들기 힘든지 이야기 나눠 보세요. 어떤 대답이 나오든 틀린 것은 없으니 존중해 주시고, 옆에서 함께 개성 있는 눈사람을 하나쯤 작게 그려 넣어 주세요.

꽁냥이의 블록 놀이터 1

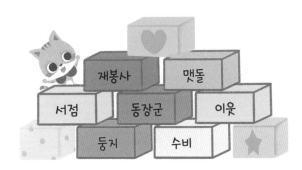

꽁냥이의 블록 놀이터 2

① 추워요 ② 덮였지요 ③ 없어요 ④ 뜨개질
⑤ 솜씨 ⑥ 따뜻하게 ⑦ 찢었어요 ⑧ 함께
⑨ 훼방 ⑩ 싶어요

7번째 방

지도TIP 우리말은 정말로 표현이 다양해서 말을 만드는 재미가 있지요. 날씨를 나타내는 다양한 표현을 찾아보며, 우리말의 재미를 느껴 보세요. 또 아이들과 함께 날씨뿐만 아니라 그날의 기분이나 몸 상태 등을 생동감 있는 언어로 자주 표현해 보세요.

8번째 방

지도TIP 숨은그림찾기는 주어진 모양과 배경의 모양을 비교하며 정답을 찾는 활동으로, 모양의 유사성에 대한 이해를 높이고 관찰력을 기를 수 있는 활동입니다. 찾아야 할 보물 그림을 먼저 살펴보고 큰 그림을 꼼꼼히 살피면 쉽게 숨은 그림을 찾을 수 있답니다. 아이들과 함께 찾아보세요.

꽁냥이의 개울 놀이터

❋ 윷놀이 → 팽이치기 → 소꿉놀이 → 숨바꼭질 → 비눗방울 → 주사위 → 눈싸움 → 바람개비 → 그림자 밟기 → 블록 쌓기

9번째 방

지도TIP 시대에 따라 필요한 발명품이 다르므로, 새로운 것에 대한 정보는 인터넷을 활용하는 것이 좋습니다. 최근에 이슈가 되고 있는 발명품은 무엇인지 함께 찾아보고 이야기한 후 진행하면 더 의미 있는 활동이 될 것입니다.

10번째 방

지도TIP 글을 보면 그 사람 사고의 깊이를 알 수 있다고 합니다. 그만큼 국어 활동 '말하기, 듣기, 읽기, 쓰기' 네 가지 중에 가장 사고력을 요하는 것이 '쓰기' 영역입니다. 여러 가지 형태로 글쓰기를 할 수 있도록 많은 기회를 제공해 주세요.

꽁냥이의 퀴즈 놀이터 1

눈	사	람			
	다	리	미		
	리		술	연	
			관	날	
				리	
		세	탁	기	
	가	수			

꽁냥이의 퀴즈 놀이터 2

- 별들이 → 반짝반짝 → 빛나요.
- 구름이 → 뭉게뭉게 → 떠다녀요.
- 바람이 → 살랑살랑 → 불어요.
- 봄비가 → 보슬보슬 → 내려요.
- 아기는 → 쌔근쌔근 → 자요.
- 오빠는 → 삐뚤삐뚤 → 써요.
- 찌개가 → 보글보글 → 끓어요.

11번째 방

지도TIP 현재 우리나라 대통령은 누구인지, 어떤 일을 하는지 물어보세요. 짧은 글만으로는 대통령의 직업적 특성이나 만델라 대통령의 이야기를 이해하기 어려울 수 있으니 인터넷 자료를 찾아보거나 함께 위인전을 읽는다면 더 효과적이겠지요.

12번째 방

지도TIP 먼저 아이들과 각 동물들의 특징에 대해 이야기해 보세요. 엉뚱한 고민이기는 하지만 해결 방법이나 충고를 여러 가지로 생각해 본 후 가장 마음에 드는 방안을 재미나게 적도록 합니다.

꽁냥이의 퍼즐 놀이터

- 가까운 일을 먼 데 일보다 오히려 모른다는 뜻. → 등잔 밑이 → 어둡다
- 일이 이미 잘못된 뒤에는 손을 써도 소용이 없다는 뜻. → 소 잃고 → 외양간 고친다
- 남을 해치려다가 도리어 자기가 해를 입게 된다는 뜻. → 누워서 → 침 뱉기
- 잘 아는 일이라도 확인하고 조심해서 하라는 뜻. → 돌다리도 → 두들겨 보고 건너라
- 내용 못지않게 겉모양을 잘 꾸미는 것도 중요하다는 뜻. → 보기 좋은 떡이 → 먹기도 좋다
- 반드시 원인이 있어야 결과가 생긴다는 뜻. → 아니 땐 굴뚝에 → 연기 나랴
- 아무리 노력을 해도 보람이 없다는 뜻. → 밑 빠진 독에 → 물 붓기

13 번째 방

지도TIP '크리스마스 관습을 통해 아이들은 부모와 함께 추억을 만들고 사회구성원이 된다. 아이들이 산타의 존재에 대해 자연스럽게 결론 내릴 때까지, 부모는 아이의 상상을 지지해 줄 책임이 있다.'(심리학자 켈리, 앤 알렌)라는 말이 있습니다. 아이들 눈높이에 맞게 행복한 크리스마스 보내세요!

15 번째 방

지도TIP '마인드 맵'은 정보를 읽고, 분석하고, 체계화하며 이미지화하기 때문에 효과적인 학습 도구입니다. 주제에 맞게 잘 정리해서 쓸 수 있도록 지도해 주세요. 그리고 '동시 쓰기'는 시적 감성과 표현력을 키울 수 있는 언어교육의 최상위 활동입니다. 아이들이 어렵지 않게 접근하고, 성취감을 느낄 수 있도록 많이 격려해 주세요.

14 번째 방

지도TIP '다섯 고개 놀이'는 말로 하는 퍼즐이며 문제 내는 사람의 생각을 잘 읽어야 합니다. 답변의 원칙은 "예", "아니요."로 하지만, 그럴 경우 다섯 가지 질문만으로는 알기 어려우므로 핵심적인 답변을 같이 합니다. 눈으로 보지 않고 머릿속 상상만으로 진행되는 다섯 고개 놀이를 평소에도 아이와 많이 해 주세요.

- **첫 번째 정답:** 펭귄
- **두 번째 정답:** 썰매 또는 스키
- **세 번째 정답:** 눈사람
- **네 번째 정답:** 사슴

꽁냥이의 쓰기 놀이터

에게 → **께** · 나 → **저** · 무섭어서 → **무서워서**

옌날 → **옛날** · 알미운 → **얄미운**

기역하고 → **기억하고** · 따뜯하게 → **따뜻하게**

어루만저 → **어루만져** · 가 → **께서**

게신다는 → **계신다는**

하늘만끔 땅만끔 → **하늘만큼 땅만큼** · 보냄 → **올림**

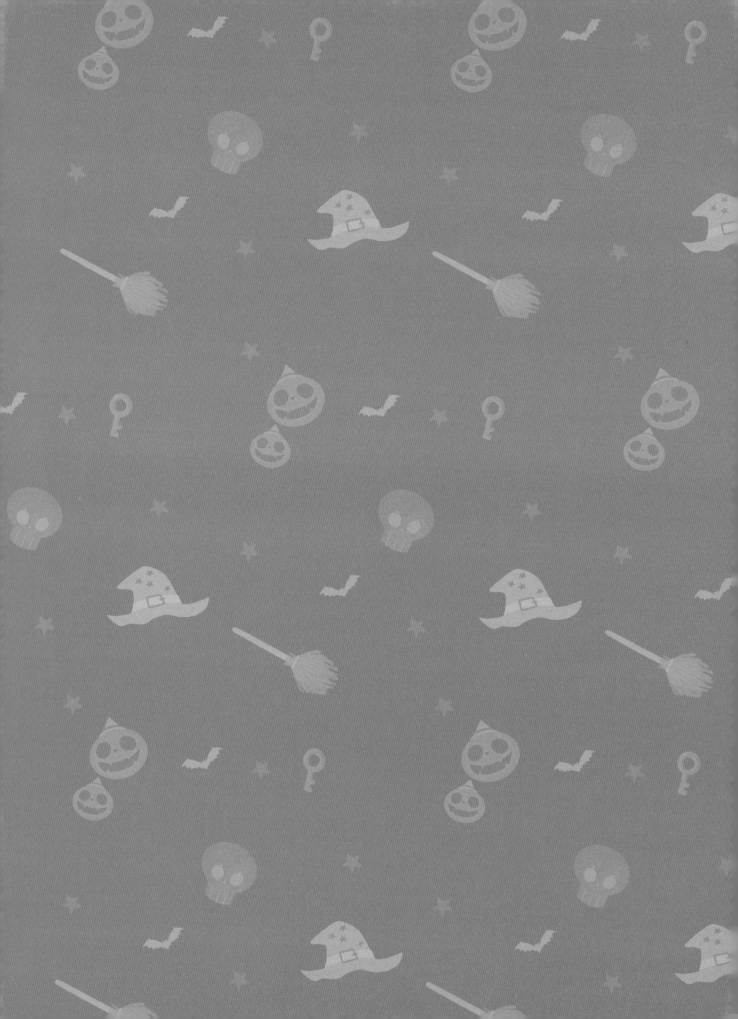

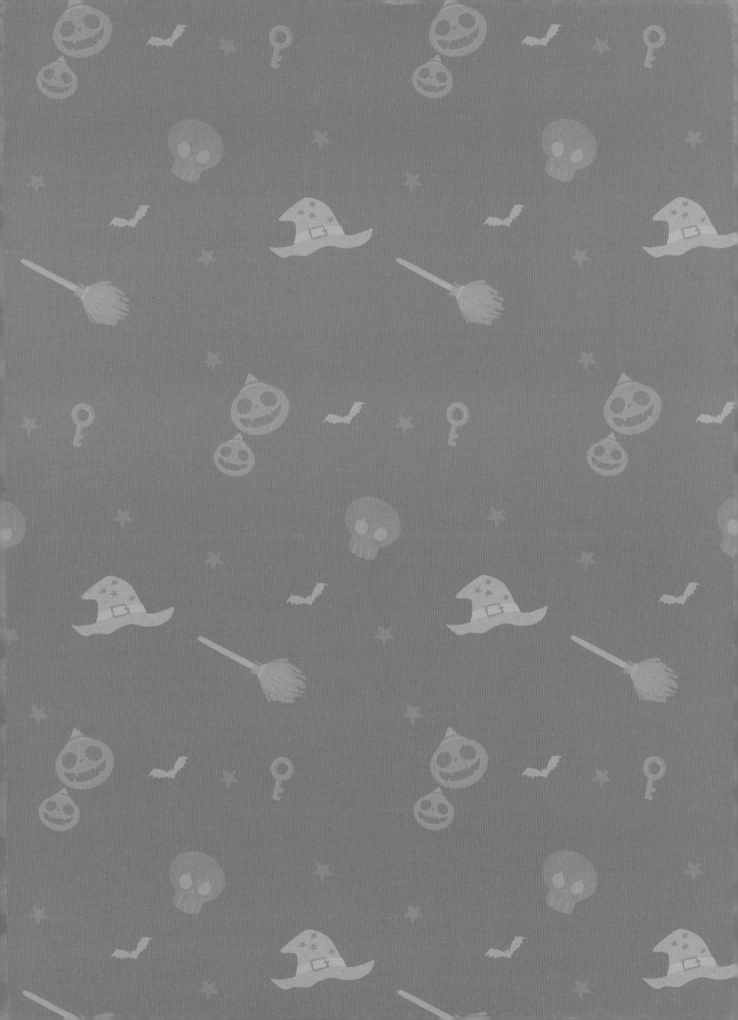

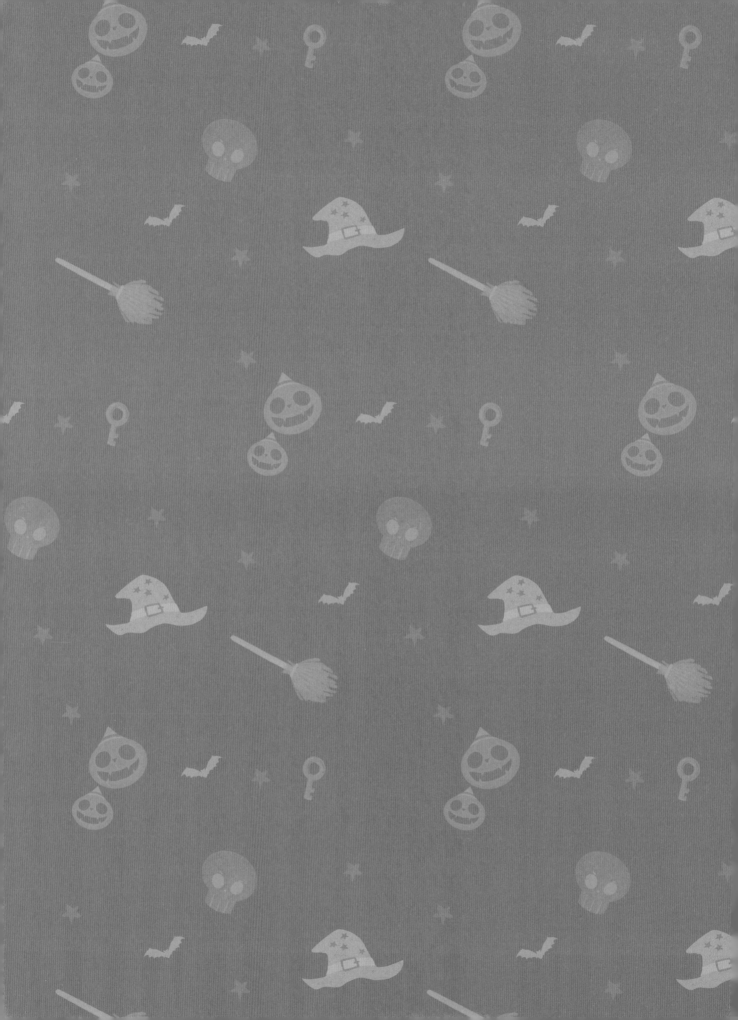